Ficha Catalográfica

Barbosa, Hugo Leonardo
Introdução à Visão Computacional para Iniciantes / Hugo
Leonardo Barbosa. – [Diadema]: [UICLAP], [2025].

Dados principais

ISBN: 9798316685516
Assunto: Visão computacional | Inteligência artificial |
Processamento de imagens | Aprendizado de máquina
CDD: 006.42 (Processamento de Imagens e Visão
Computacional)
CDU: 004.932

Descrição Física

- Número de páginas: [143]
- Ilustrações: [Não]
- Formato: [A5]

Resumo:
Este livro apresenta os fundamentos da visão computacional
de forma acessível para iniciantes. São abordados conceitos
essenciais, algoritmos e técnicas de processamento de
imagens, com exemplos práticos e aplicações no mundo real.

Introdução à Visão Computacional para Iniciantes

Hugo Leonardo

INTRODUÇÃO

VISÃO COMPUTACIONAL PARA INICIANTES

Sumário

Visão Computacional é uma área interdisciplinar que combina conceitos de computação, matemática, estatística e inteligência artificial para ensinar os computadores a interpretar e compreender o mundo visual de maneira semelhante aos humanos. De acordo com Richard Szeliski, autor de "Computer Vision: Algorithms and Applications", o objetivo da visão computacional é extrair informações significativas de imagens e vídeos para resolver problemas do mundo real. Essa área tem evoluído rapidamente, impulsionada por avanços em aprendizado profundo e computação de alto desempenho

A visão computacional utiliza imagens e vídeos como entrada e aplica algoritmos sofisticados para realizar tarefas como reconhecimento, detecção e rastreamento de objetos. Como observa Fei-Fei Li, pioneira na pesquisa de redes neurais profundas, "a visão computacional não é apenas sobre ver; é sobre compreender".

o   Utilizada para monitoramento ambiental, detecção de desmatamento e previsão de desastres naturais. Empresas como a Planet Labs processam milhares de imagens diariamente para fornecer insights em tempo real. 18

o   Tecnologias como o Microsoft HoloLens e o Meta Quest utilizam visão computacional para mapear ambientes e integrar objetos virtuais ao mundo real. Como Mark Zuckerberg declarou, "a visão computacional é o alicerce das experiências imersivas".
19

O campo da visão computacional emergiu na década de 1960, com pesquisadores como Larry Roberts, conhecido como o "pai da visão computacional", que desenvolveu as bases para a interpretação automática de imagens 3D. Desde então, avanços significativos ocorreram, especialmente com o surgimento de redes neurais profundas na década de 2010, lideradas por cientistas como Yann LeCun. 19

Com aplicações tão diversas e avanços constantes, a visão computacional continua a transformar indústrias e moldar o futuro da tecnologia. 19

O estudo de imagens digitais é um campo essencial na ciência da computação, na engenharia e em várias disciplinas científicas e artísticas. Os fundamentos das

Dedicatória

Dedico este livro à minha amada esposa, Andreia, pelo amor, apoio incondicional e por sempre acreditar em mim, mesmo nos momentos mais desafiadores. Sua paciência e carinho são a base que me fortalece a cada dia.

Ao meu querido enteado, João Vitor, cuja curiosidade e vontade de aprender me inspiram constantemente. Que este livro seja um pequeno reflexo do que podemos alcançar quando seguimos nossos sonhos com determinação.

Com todo o meu amor e gratidão,
Hugo Leonardo Barbosa

Introdução

Vivemos em uma era em que máquinas são capazes de reconhecer rostos, interpretar imagens e até mesmo tomar decisões baseadas no que "veem". Aplicações como desbloqueio facial de smartphones, carros autônomos e filtros inteligentes nas redes sociais fazem parte do nosso cotidiano, mas poucos entendem os conceitos por trás dessas tecnologias. O que permite que computadores enxerguem e interpretem o mundo visual? A resposta está na **Visão Computacional**.

Este livro foi escrito para aqueles que desejam dar os primeiros passos nesse fascinante campo da inteligência artificial. Se você é um estudante, profissional de tecnologia ou apenas um curioso, encontrará aqui uma abordagem didática e acessível para compreender os fundamentos da visão computacional.

Nos primeiros capítulos, exploraremos os conceitos básicos: como as imagens são representadas no mundo digital, quais técnicas utilizamos para processá-las e como os algoritmos de visão computacional extraem informações úteis. Em seguida, avançaremos para métodos mais práticos, utilizando ferramentas populares como OpenCV e Python, aplicando esses conhecimentos em projetos reais.

A visão computacional não é apenas um campo técnico, mas uma revolução que está transformando diversas indústrias, da medicina à segurança, da robótica ao entretenimento. Minha intenção com este livro é tornar esse conhecimento mais acessível e mostrar que qualquer pessoa, com a orientação certa, pode começar a explorar e desenvolver suas próprias soluções utilizando essa tecnologia.

Espero que esta jornada seja tão enriquecedora para você quanto foi para mim ao escrevê-la. Vamos juntos desbravar o mundo da visão computacional!

Hugo Leonardo Barbosa

Capítulo 1: Introdução à Visão Computacional em linguagem python

O que é Visão Computacional?

Visão Computacional é uma área interdisciplinar que combina conceitos de computação, matemática, estatística e inteligência artificial para ensinar os computadores a interpretar e compreender o mundo visual de maneira semelhante aos humanos. De acordo com Richard Szeliski, autor de "Computer Vision: Algorithms and Applications", o objetivo da visão computacional é extrair informações significativas de imagens e vídeos para resolver problemas do mundo real. Essa área tem evoluído rapidamente, impulsionada por avanços em aprendizado profundo e computação de alto desempenho.

A visão computacional utiliza imagens e vídeos como entrada e aplica algoritmos sofisticados para realizar tarefas como reconhecimento, detecção e rastreamento de objetos. Como observa Fei-Fei Li, pioneira na pesquisa de redes neurais profundas, "a visão computacional não é apenas sobre ver; é sobre compreender".

Aplicações da Visão Computacional

A visão computacional é uma tecnologia essencial em várias indústrias, revolucionando como as máquinas interagem com o mundo ao seu redor. Aqui estão algumas de suas aplicações mais impactantes:

- Reconhecimento facial e biometria

  o Utilizada em sistemas de segurança e autenticação, como no desbloqueio de smartphones e verificação de identidade. Geoffrey Hinton, um dos pais do aprendizado profundo, destacou como redes neurais convolucionais revolucionaram esse campo ao aprimorar a precisão do reconhecimento facial.

- Veículos autônomos

  o Veículos como os da Tesla e Waymon dependem de sistemas de visão computacional para detectar objetos, identificar sinais de trânsito e evitar colisões. Como Elon Musk afirmou, "a visão computacional é essencial para transformar carros em robôs inteligentes".

- Diagnósticos médicos

    o Ferramentas baseadas em visão computacional ajudam na detecção precoce de doenças, como câncer e retinopatia diabética, analisando imagens de exames. Andrew Ng observou que "a combinação de visão computacional com aprendizado profundo está criando diagnósticos mais precisos do que humanos em muitos casos".

- Análise de imagens de satélite

    o Utilizada para monitoramento ambiental, detecção de desmatamento e previsão de desastres naturais. Empresas como a Planet Labs processam milhares de imagens diariamente para fornecer insights em tempo real.

- Realidade aumentada e virtual

  - Tecnologias como o Microsoft HoloLens e o Meta Quest utilizam visão computacional para mapear ambientes e integrar objetos virtuais ao mundo real. Como Mark Zuckerberg declarou, "a visão computacional é o alicerce das experiências imersivas".

Importância Histórica

O campo da visão computacional emergiu na década de 1960, com pesquisadores como Larry Roberts, conhecido como o "pai da visão computacional", que desenvolveu as bases para a interpretação automática de imagens 3D. Desde então, avanços significativos ocorreram, especialmente com o surgimento de redes neurais profundas na década de 2010, lideradas por cientistas como Yann LeCun.

Com aplicações tão diversas e avanços constantes, a visão computacional continua a transformar indústrias e moldar o futuro da tecnologia.

capítulo 2-Fundamentos de Imagens Digitais

O estudo de imagens digitais é um campo essencial na ciência da computação, na engenharia e em várias disciplinas científicas e artísticas. Os fundamentos das imagens digitais englobam conceitos que vão desde a captura de imagens até o seu processamento, análise e exibição. Para compreender plenamente os princípios subjacentes, é necessário explorar aspectos teóricos e práticos que sustentam esse domínio.

O que é uma Imagem Digital?

Uma imagem digital é uma representação bidimensional de uma cena ou objeto do mundo real ou imaginário. Essa representação é composta por pequenos elementos chamados pixels (abreviação de picture elements). Cada pixel é a menor unidade de uma imagem digital e possui um valor associado que define suas propriedades, como cor ou intensidade.

As imagens digitais são armazenadas em formato matricial, onde cada pixel é uma entrada na matriz. Dependendo da aplicação, os valores dos pixels podem representar tons de cinza, cores RGB (Red,

Green, Blue) ou outras informações, como profundidade e intensidade infravermelha.

Resolução e Profundidade de Cor

Dois conceitos fundamentais na definição de imagens digitais são resolução e profundidade de cor.

Resolução: A resolução de uma imagem refere-se ao número de pixels que a compõem. É frequentemente expressa em termos de largura e altura (por exemplo, 1920x1080 pixels). Resoluções mais altas resultam em maior detalhe visual, mas também aumentam os requisitos de armazenamento e processamento.

Profundidade de Cor: A profundidade de cor define o número de bits usados para representar a cor de cada pixel. Por exemplo:

8 bits: Suporta 256 tons de cinza.

24 bits: Suporta 16,7 milhões de cores (8 bits para cada componente RGB). Profundidades maiores permitem representações mais precisas e ricas, mas exigem mais memória.

Espaços de Cor

Os espaços de cor são sistemas para descrever e organizar cores. Eles são usados para garantir que as cores sejam interpretadas de forma consistente em dispositivos como câmeras, monitores e impressoras. Os espaços de cor mais comuns incluem:

RGB: Usado em monitores e telas digitais, combina vermelho, verde e azul para criar cores.

CMYK: Usado em impressão, combina ciano, magenta, amarelo e preto.

HSV e HSL: Modelos baseados em tonalidade, saturação e brilho, frequentemente usados em edição e análise de imagens.

Formatos de Arquivo

As imagens digitais podem ser salvas em diversos formatos, cada um com suas características e usos específicos. Alguns dos mais comuns são:

JPEG: Compactação com perdas, ideal para fotografias.

PNG: Compactação sem perdas, usado para imagens com transparência.

GIF: Suporta animação e cores limitadas.

TIFF: Alta qualidade, usado em impressão e arquivamento.

Aquisição de Imagens

O processo de aquisição de imagens refere-se à captura de dados visuais do mundo real. Isso pode ser feito por dispositivos como:

Câmeras digitais: Capturam luz visível.

Sensores térmicos: Capturam radiação infravermelha.

Scanners: Digitalizam documentos e superfícies.

A qualidade da imagem adquirida depende de fatores como qualidade do sensor, condições de iluminação e configuração do dispositivo.

Processamento de Imagens

O processamento de imagens é o conjunto de técnicas utilizadas para melhorar, transformar ou extrair informações das imagens digitais. Ele pode ser dividido em:

Pré-processamento: Melhorar a qualidade da imagem (remoção de ruído, ajuste de contraste).

Segmentação: Dividir a imagem em regiões de interesse (como separar um objeto do fundo).

Análise de Recursos: Identificar características específicas, como bordas, formas e texturas.

Reconhecimento: Usar algoritmos para identificar objetos ou padrões na imagem.

Aplicações de Imagens Digitais

Os fundamentos de imagens digitais têm aplicações práticas em diversos campos:

Saúde: Processamento de imagens médicas (raios-X, tomografias).

Indústria: Controle de qualidade usando visão computacional.

Segurança: Reconhecimento facial e análise de câmeras de vigilância.

Arte e Design: Criação e edição de conteúdo visual.

Entretenimento: Animação digital e efeitos visuais.

Conclusão

O estudo dos fundamentos de imagens digitais é a base para compreender tecnologias avançadas como visão computacional, inteligência artificial e realidade aumentada. Dominar esses conceitos abre portas para diversas áreas profissionais e de pesquisa, tornando-o essencial em um mundo cada vez mais digital.

Capítulo 3: Instalação e Configuração de Ferramentas

Ferramentas Necessárias

Para começar a desenvolver projetos utilizando OpenCV, é essencial configurar um ambiente de desenvolvimento eficiente e adequado. Aqui estão as ferramentas necessárias:

- Python: Uma linguagem de programação amplamente utilizada para aplicações de visão computacional e aprendizado de máquina, com vasta documentação e suporte.

- OpenCV: Uma biblioteca de código aberto poderosa e popular para processamento de imagens e vídeos.

- IDEs como VSCode ou PyCharm: Ambientes de desenvolvimento integrados (IDEs) facilitam a escrita, execução e depuração do código. Tanto o Visual Studio Code (VSCode) quanto o PyCharm oferecem funcionalidades avançadas para desenvolvedores Python.

Instalação do OpenCV

Abaixo, apresentamos um guia passo a passo para instalar o OpenCV em seu ambiente de desenvolvimento:

1. Verifique a Instalação do Python

1. Certifique-se de que o Python está instalado no seu sistema.

    o No Windows, abra o prompt de comando e digite python --version ou python3 --version.

    o No macOS/Linux, abra o terminal e digite python3 --version.

2. Se o Python não estiver instalado, baixe e instale a versão mais recente no site oficial: python.org.

    o Durante a instalação no Windows, lembre-se de marcar a opção "Add Python to PATH".

2. Configure um Ambiente Virtual
Crie um ambiente virtual para organizar dependências de projetos isoladamente:

python -m venv meu_ambiente

1.

2. Ative o ambiente virtual:

Windows:

meu_ambiente\Scripts\activate

○

macOS/Linux:

source meu_ambiente/bin/activate

○

3. Verifique se o ambiente virtual está ativo observando o nome dele no início do prompt ou terminal.

3. Instale o OpenCV
Com o ambiente virtual ativo, instale o OpenCV usando o pip:

pip install opencv-python

1.

Para funcionalidades adicionais, como suporte a mídia (por exemplo, ler arquivos de vídeo), instale também o pacote opencv-python-headless:

pip install opencv-contrib-python

2.

Confirme a instalação verificando a versão do OpenCV:

python -c "import cv2; print(cv2.__version__)"

3.

4. Configure a IDE

- VSCode:

    1. Baixe e instale o Visual Studio Code em code.visualstudio.com.

    2. Instale a extensão do Python:

        - Acesse a aba de extensões (Ctrl+Shift+X), procure por "Python" e instale.

    3. Configure o ambiente virtual na IDE:

        - Abra o comando (Ctrl+Shift+P), digite "Python: Select Interpreter" e selecione o caminho do ambiente virtual.

- PyCharm:

    1. Baixe e instale o PyCharm em jetbrains.com/pycharm.

    2. Crie um novo projeto e selecione o ambiente virtual.

    3. Certifique-se de que os pacotes do OpenCV estão visíveis no interpretador do projeto.

5. Teste a Instalação

Crie um arquivo Python chamado teste_opencv.py com o seguinte código:

```
import cv2
print("Versão do OpenCV:", cv2.__version__)
```

1.

Execute o arquivo na IDE ou no terminal:

```
python teste_opencv.py
```

2.
3. Se a versão do OpenCV for exibida, a instalação foi bem-sucedida.

Com essas ferramentas configuradas, você está pronto para iniciar seus projetos com OpenCV de forma eficiente. O próximo capítulo abordará os conceitos fundamentais da visão computacional e como aplicá-los utilizando o OpenCV.

Capítulo 4: Trabalhando com OpenCV

Lendo e Exibindo Imagens

A leitura e exibição de imagens são passos fundamentais em visão computacional, servindo como base para a maioria das aplicações no campo. OpenCV, uma das bibliotecas mais amplamente utilizadas, oferece ferramentas poderosas para manipulação de imagens. De acordo com Gary Bradski, autor de "Learning OpenCV: Computer Vision with the OpenCV Library", o OpenCV foi projetado para simplificar o desenvolvimento de aplicações de visão computacional de alta performance.

Abaixo está um exemplo prático para ler e exibir imagens usando OpenCV:

Exemplo de Código

```
import cv2

# Lendo a imagem
imagem = cv2.imread("caminho_da_imagem.jpg")

# Verificando se a imagem foi carregada corretamente
if imagem is None:
    print("Erro: Não foi possível carregar a imagem.")
else:
    # Exibindo a imagem
    cv2.imshow("Imagem Carregada", imagem)

    # Aguarda o pressionamento de uma tecla para fechar a janela
    cv2.waitKey(0)
    cv2.destroyAllWindows()
```

Explicando o Código

1. Carregando   a   Imagem:

   o A função cv2.imread() é usada para carregar a imagem a partir do caminho fornecido.

   o Se o arquivo não for encontrado ou houver um erro, a variável imagem receberá o valor None.

2. Exibindo   a   Imagem:

   o A função cv2.imshow() cria uma janela para exibir a imagem.

   o O primeiro parâmetro é o título da janela e o segundo é o objeto da imagem carregada.

3. Interatividade:

   o A função cv2.waitKey(0) faz o programa esperar até que uma tecla seja pressionada.

- cv2.destroyAllWindows() fecha todas as janelas criadas pelo OpenCV.

Observações Importantes

- Caminho da Imagem: Certifique-se de fornecer o caminho correto para o arquivo da imagem. Caminhos relativos e absolutos podem ser utilizados.

- Formatos Suportados: O OpenCV suporta vários formatos de imagem, incluindo JPEG, PNG, BMP e TIFF. Para formatos específicos ou imagens comprimidas, bibliotecas adicionais podem ser necessárias.

- Resolução e Tamanho: Imagens de alta resolução podem consumir mais memória e afetar o desempenho. Considere redimensionar imagens quando apropriado.

Referências Teóricas

Pesquisadores como Fei-Fei Li e Yann LeCun destacam que o processamento inicial de imagens é crucial para tarefas mais complexas, como reconhecimento de objetos e aprendizado profundo. A manipulação correta de imagens impacta diretamente a precisão e eficácia dos algoritmos subsequentes.

Com esse conhecimento, você pode agora explorar outras operações, como redimensionamento, conversão para escala de cinza e aplicação de filtros, que serão abordadas nos próximos capítulos.

Capítulo 5: Manipulação de Imagens

A manipulação de imagens é uma parte fundamental da visão computacional e do processamento de imagens. Em muitas aplicações, precisamos ajustar imagens para facilitar a análise, otimizar o desempenho ou preparar dados para redes neurais. OpenCV oferece uma gama de funções poderosas e eficientes para realizar essas tarefas. Neste capítulo, abordaremos as operações de redimensionamento, corte e alteração do formato de cor (como converter de RGB para escala de cinza), que são essenciais para a preparação de dados.

Redimensionar Imagens

O redimensionamento de imagens é uma operação crucial no processamento de imagens. Muitas vezes, imagens de entrada podem ter dimensões muito grandes ou pequenas em relação à tarefa que queremos realizar. O redimensionamento ajusta o tamanho da imagem para valores específicos ou mantém a proporção da imagem original.

O redimensionamento é necessário em várias situações:

- Reduzir a carga computacional: Imagens grandes consomem muita memória e poder de processamento. Redimensionar para um tamanho menor pode aumentar a eficiência do algoritmo, especialmente quando estamos lidando com grandes volumes de dados.

- Adaptar imagens para redes neurais: Redes neurais exigem entradas de tamanho fixo, o que faz com que o redimensionamento seja uma tarefa constante no treinamento de modelos.

A função cv2.resize() do OpenCV permite que você redimensione as imagens de maneira rápida e fácil. Dependendo do caso, você pode optar por redimensionar com base na altura, largura ou manter a proporção da imagem.

Exemplo de código para redimensionar uma imagem:

```python
CopyEdit
import cv2

# Carregando a imagem
imagem = cv2.imread("caminho_da_imagem.jpg")

# Redimensionando a imagem para 300x300 pixels
imagem_redimensionada = cv2.resize(imagem, (300, 300))

# Exibindo a imagem redimensionada
cv2.imshow("Imagem                    Redimensionada",
imagem_redimensionada)
cv2.waitKey(0)
cv2.destroyAllWindows()
```

No exemplo acima, a imagem será redimensionada para 300x300 pixels, sem preservar a proporção original. Se você quiser manter a proporção, pode calcular o tamanho adequado, com base na largura ou altura, e ajustar o outro valor proporcionalmente.

Cortar Imagens

O corte (ou *cropping*) é uma operação usada para extrair uma região de interesse (ROI) de uma imagem. Em muitas aplicações de visão computacional, você pode querer focar em uma área específica da imagem para realizar alguma análise.

Essa operação é amplamente utilizada em tarefas como:

- Detecção de objetos: Cortar uma região específica para aplicar algoritmos de detecção de objetos.

- Análise local: Isolar partes da imagem para tratar separadamente.

O OpenCV torna o corte de imagens simples e direto, utilizando a indexação de fatias (slicing). A sintaxe básica para cortar uma imagem envolve definir um intervalo de linhas e colunas.

Exemplo de código para cortar uma imagem:

```python
CopyEdit
import cv2

# Carregando a imagem
imagem = cv2.imread("caminho_da_imagem.jpg")

# Definindo as coordenadas para o corte (x_inicio, x_fim, y_inicio, y_fim)
imagem_cortada = imagem[100:400, 50:350]  # Cortando da linha 100 à 400 e coluna 50 à 350
```

```
# Exibindo a imagem cortada
cv2.imshow("Imagem Cortada", imagem_cortada)
cv2.waitKey(0)
cv2.destroyAllWindows()
```

Neste exemplo, a imagem é cortada entre as linhas 100 e 400 e entre as colunas 50 e 350, criando uma nova imagem com a região de interesse (ROI).

Alterar Formato de Cor (RGB para Escala de Cinza)

A conversão de uma imagem colorida para escala de cinza é uma das manipulações mais comuns no processamento de imagens. Isso ocorre porque, em muitas tarefas de visão computacional, a informação de cor não é necessária, e trabalhar com uma imagem em tons de cinza pode simplificar os cálculos e reduzir a carga computacional.

A conversão para escala de cinza pode ser feita utilizando a função cv2.cvtColor(), que converte a imagem de um formato de cor para outro. A conversão de RGB para escala de cinza é frequentemente usada antes de aplicar técnicas de detecção de bordas ou segmentação, onde a estrutura da imagem é mais importante do que a cor.

Exemplo de código para converter uma imagem para escala de cinza:

```
python
CopyEdit
import cv2

# Carregando a imagem
imagem = cv2.imread("caminho_da_imagem.jpg")
```

```python
# Convertendo a imagem para escala de cinza
imagem_cinza          =          cv2.cvtColor(imagem,
cv2.COLOR_BGR2GRAY)

# Exibindo a imagem em escala de cinza
cv2.imshow("Imagem em Escala de Cinza", imagem_cinza)
cv2.waitKey(0)
cv2.destroyAllWindows()
```

No exemplo acima, a função cv2.cvtColor() converte a imagem de sua representação colorida (geralmente no formato BGR) para uma imagem em escala de cinza, onde cada pixel contém apenas informações de intensidade de luz.

Exemplo Completo: Redimensionamento, Corte e Conversão para Escala de Cinza

Vamos combinar todas as operações em um único exemplo que inclui redimensionamento, corte e conversão para escala de cinza:

```python
python
CopyEdit
import cv2

# Carregando a imagem
imagem = cv2.imread("caminho_da_imagem.jpg")

# Redimensionando a imagem
imagem_redimensionada = cv2.resize(imagem, (300, 300))

# Cortando a imagem
imagem_cortada = imagem[100:400, 50:350]
```

```
# Convertendo para escala de cinza
imagem_cinza          =          cv2.cvtColor(imagem,
cv2.COLOR_BGR2GRAY)

# Exibindo as imagens
cv2.imshow("Imagem Original", imagem)
cv2.imshow("Imagem                    Redimensionada",
imagem_redimensionada)
cv2.imshow("Imagem Cortada", imagem_cortada)
cv2.imshow("Imagem Escala de Cinza", imagem_cinza)

cv2.waitKey(0)
cv2.destroyAllWindows()
```

Neste exemplo, carregamos uma imagem, aplicamos as três operações e exibimos os resultados. O usuário pode ver a versão original, redimensionada, cortada e convertida para escala de cinza.

Considerações Finais

- Redimensionamento: Redimensionar imagens pode ajudar a otimizar o desempenho de algoritmos, mas deve ser feito com cuidado para evitar perda de informações cruciais.

- Corte: O corte de imagens permite focar em regiões específicas, o que é fundamental em muitas tarefas de análise de imagens. Verifique sempre as coordenadas para garantir que a região de interesse esteja corretamente definida.

- Escala de Cinza: A conversão para escala de cinza é útil quando a cor não é relevante. Ela reduz a complexidade das imagens, facilitando a análise e o processamento.

Essas manipulações são essenciais no pré-processamento de imagens e formam a base para tarefas mais complexas, como segmentação, detecção de bordas e reconhecimento de objetos. Com essas operações, você pode começar a trabalhar com imagens de maneira eficaz e otimizar seu código para tarefas de visão computacional mais avançadas.

Capítulo 6: Operadores e Filtros Básicos

Os operadores e filtros básicos são ferramentas essenciais na manipulação de imagens digitais. Eles permitem transformar, realçar ou extrair informações das imagens para atender a uma variedade de necessidades em visão computacional e processamento de imagens. Neste capítulo, exploraremos os conceitos fundamentais e as técnicas mais utilizadas.

6.1. Introdução aos Operadores

Os operadores são funções matemáticas aplicadas pixel a pixel ou em regiões definidas de uma imagem. Eles podem ser classificados em:

- Operadores aritméticos: incluem soma, subtração, multiplicação e divisão, permitindo combinar ou ajustar os valores de intensidade dos pixels.

- Operadores lógicos: envolvem operações como AND, OR, XOR e NOT, úteis para mascaramento e segmentação.

- Operadores relacionais: comparam valores de intensidade, como maior que ou igual a, gerando imagens binárias.

- Operadores estatísticos: utilizam médias, medianas ou outros valores derivados de grupos de pixels para filtrar ou modificar a imagem.

6.2. Filtros Espaciais

Filtros espaciais são aplicados diretamente no domínio espacial das imagens, geralmente por meio de convolução com um kernel (matriz de coeficientes). Eles podem ser classificados como:

- Filtros de suavização: reduzem ruídos e detalhes finos, utilizando kernels como o filtro médio ou o filtro gaussiano.

- Filtros de realce: aumentam o contraste ou destacam bordas e texturas, incluindo o filtro Laplaciano e os filtros de Sobel.

Exemplo de Filtro Médio

O filtro médio substitui o valor de um pixel pela média dos valores em sua vizinhança. Ele é eficaz para reduzir ruídos aleatórios:

$$G(x, y) = \frac{1}{n^2} \sum_{i=-k}^{k} \sum_{j=-k}^{k} f(x+i, y+j)$$

onde $n \times n$ é o tamanho do kernel, e $k = \frac{n-1}{2}$.

Exemplo de Filtro de Sobel

O filtro de Sobel é utilizado para detectar bordas. Ele calcula a derivada aproximada em relação aos eixos horizontal e vertical, combinando os resultados para obter a magnitude do gradiente:

$G=Gx2+Gy2G = \sqrt\{G\_x^2 + G\_y^2\}$

Os kernels associados são:

$Gx=[-101-202-101],Gy=[-1-2-1000121]G\_x$ = \begin{bmatrix} -1 & 0 & 1 \\ -2 & 0 & 2 \\ -1 & 0 & 1 \end{bmatrix}, \quad G_y = \begin{bmatrix} -1 & -2 & -1 \\ 0 & 0 & 0 \\ 1 & 2 & 1 \end{bmatrix}

6.3. Filtros no Domínio da Frequência

A análise no domínio da frequência permite manipular os componentes de alta e baixa frequência de uma imagem. Isso é feito usando a transformada de Fourier:

$F(u,v)=\sum x=0M-1\sum y=0N-1f(x,y)e-j2\pi(ux/M+vy/N)F(u, v) = \sum\_\{x=0\}^\{M-1\} \sum\_\{y=0\}^\{N-1\} f(x, y) e^\{-j2\pi (ux/M + vy/N)\}$

Exemplos de Filtros no Domínio da Frequência:

- Filtro passa-baixa: atenua componentes de alta frequência, suavizando a imagem.

- Filtro passa-alta: enfatiza componentes de alta frequência, destacando bordas e detalhes.

6.4. Combinação de Filtros e Aplicativos

Muitas vezes, diferentes filtros são combinados para atender a necessidades específicas, como:

- Segmentação: isolando regiões de interesse em uma imagem.

- Detecção de padrões: identificando formas ou objetos.

- Equalização de histograma: melhorando o contraste.

Casos de Uso Práticos

- Em processamento biomédico, filtros são usados para melhorar imagens de tomografia ou ressonância magnética.

- Na indústria automobilística, eles ajudam na detecção de faixas e pedestres.

- Em aplicações de vigilância, realçam atividades suspeitas em vídeos de segurança.

6.5. Implementação Prática

Hoje, bibliotecas como OpenCV facilitam a aplicação de operadores e filtros com poucas linhas de código:

```
import cv2
import numpy as np
```

```
# Leitura da imagem
dados              =              cv2.imread('imagem.jpg',
cv2.IMREAD_GRAYSCALE)

# Aplicação de um filtro gaussiano
suave = cv2.GaussianBlur(dados, (5, 5), 0)

# Detecção de bordas com Sobel
bordas_x = cv2.Sobel(dados, cv2.CV_64F, 1, 0, ksize=3)
bordas_y = cv2.Sobel(dados, cv2.CV_64F, 0, 1, ksize=3)

# Combinação de bordas
bordas = cv2.magnitude(bordas_x, bordas_y)

cv2.imshow('Bordas', bordas)
cv2.waitKey(0)
cv2.destroyAllWindows()
```

6.6. Considerações Finais

Operadores e filtros são blocos de construção fundamentais em qualquer aplicação de visão computacional. Compreender seus conceitos e saber aplicá-los adequadamente é essencial para resolver problemas reais de processamento de imagens. A próxima etapa é explorar técnicas mais avançadas, como filtros não lineares e métodos baseados em aprendizado de máquina.

Capítulo 7: Detecção de Bordas

A detecção de bordas é um dos processos mais importantes no campo da visão computacional. Bordas são regiões de transição abrupta nos valores de intensidade de uma imagem, frequentemente representando contornos de objetos ou mudanças significativas na textura. Neste capítulo, abordaremos os princípios fundamentais, os principais métodos de detecção de bordas e suas aplicações.

7.1. Conceitos Fundamentais

Uma borda pode ser definida como um conjunto de pontos onde ocorre uma variação significativa na intensidade da imagem. Essa variação é tipicamente detectada pela análise do gradiente, que mede a taxa de mudança da intensidade em relação às coordenadas espaciais.

Gradiente de Intensidade

O gradiente é uma medida vetorial que aponta na direção da maior taxa de mudança na intensidade e cuja magnitude indica a intensidade dessa mudança. Ele é definido como:

$$\nabla I(x, y) = \begin{bmatrix} \frac{\partial I}{\partial x} \\ \frac{\partial I}{\partial y} \end{bmatrix}$$

onde $\frac{\partial I}{\partial x}$ e $\frac{\partial I}{\partial y}$ são as derivadas parciais em relação às direções horizontal e vertical, respectivamente.

A magnitude do gradiente é calculada como:

$|\nabla I| = (\partial I \partial x)2 + (\partial I \partial y)2$ |\nabla I| = \sqrt{\left(\frac{\partial I}{\partial x} \right)^2 + \left(\frac{\partial I}{\partial y} \right)^2}

E a direção é dada por:

$\theta = \tan^{-1}(\partial I \partial y \partial I \partial x)$ \theta = \tan^{-1}\left(\frac{\frac{\partial I}{\partial y}}{\frac{\partial I}{\partial x}}\right)

7.2. Algoritmos Clássicos de Detecção de Bordas

7.2.1. Detector de Sobel

O filtro de Sobel é um método amplamente utilizado para calcular aproximações das derivadas horizontais e verticais. Ele utiliza os seguintes kernels:

$Gx = [-101 - 202 - 101], Gy = [-1 - 2 - 1000121]$ G_x = \begin{bmatrix} -1 & 0 & 1 \\ -2 & 0 & 2 \\ -1 & 0 & 1 \end{bmatrix}, \quad G_y = \begin{bmatrix} -1 & -2 & -1 \\ 0 & 0 & 0 \\ 1 & 2 & 1 \end{bmatrix}

Esses kernels são convoluídos com a imagem para calcular as componentes do gradiente GxG_x e GyG_y.

7.2.2. Detector de Prewitt

Similar ao Sobel, o filtro de Prewitt utiliza kernels ligeiramente diferentes para calcular o gradiente, sendo também uma boa opção para aplicações básicas de detecção de bordas:

$Gx = [-101 - 101 - 101], Gy = [-1 - 1 - 1000111]$ G_x = \begin{bmatrix} -1 & 0 & 1 \\ -1 & 0 & 1 \\ -1 & 0 & 1 \end{bmatrix}

$\end{bmatrix}, \quad G\_y = \begin{bmatrix} -1 \& -1 \& -1 \\ 0 \& 0 \& 0 \\ 1 \& 1 \& 1 \end{bmatrix}$

7.2.3. Detector de Canny

O algoritmo de Canny é um dos mais robustos para detecção de bordas, pois envolve várias etapas que minimizam ruídos e garantem precisão:

1. Suavização: aplicação de um filtro Gaussiano para reduzir ruídos.

2. Cálculo do gradiente: utiliza Sobel ou outro método para encontrar magnitude e direção do gradiente.

3. Supressão não máxima: elimina os pixels que não são parte das bordas reais.

4. Histerese: utiliza dois limiares (alto e baixo) para conectar bordas e eliminar ruídos residuais.

Exemplo de Implementação do Canny

```
import cv2

# Leitura da imagem
dados = cv2.imread('imagem.jpg', cv2.IMREAD_GRAYSCALE)

# Aplicação do algoritmo de Canny
bordas = cv2.Canny(dados, 100, 200)
```

```
# Exibição do resultado
cv2.imshow('Bordas', bordas)
cv2.waitKey(0)
cv2.destroyAllWindows()
```

7.3. Detecção de Bordas no Domínio da Frequência

A detecção de bordas também pode ser realizada no domínio da frequência, utilizando a transformada de Fourier. Componentes de alta frequência correspondem a bordas e detalhes finos na imagem. Filtros como o passa-alta podem ser aplicados para realçar essas componentes antes de realizar a inversão da transformada.

7.4. Aplicações da Detecção de Bordas

- Reconhecimento de objetos: identifica contornos para segmentação e classificação.

- Análise de formas: calcula características geométricas de objetos.

- Processamento biomédico: destaca estruturas importantes em imagens de ultrassom, tomografia ou ressonância magnética.

- Vigilância e segurança: detecta movimento ou intrusões em câmeras de segurança.

7.5. Considerações Finais

A detecção de bordas é um componente crítico em muitas aplicações de visão computacional. Compreender seus fundamentos e escolher o método adequado para cada situação pode melhorar significativamente os resultados em tarefas como segmentação, reconhecimento e rastreamento de objetos. Nos próximos capítulos, exploraremos técnicas mais avançadas, como detecção de bordas em tempo real e métodos baseados em aprendizado profundo.

Capítulo 8: Segmentação de Imagens

A segmentação de imagens é uma etapa crucial no processamento de imagens e na visão computacional. Ela consiste em dividir uma imagem em regiões ou objetos de interesse, facilitando análises posteriores, como reconhecimento de padrões, detecção de objetos ou rastreamento. Neste capítulo, exploraremos os princípios, métodos e aplicações da segmentação de imagens.

8.1. Conceitos Fundamentais

A segmentação busca identificar regiões homogêneas em uma imagem com base em características como intensidade, cor, textura ou profundidade. As regiões resultantes podem representar objetos, superfícies ou outros elementos significativos dentro da cena.

Tipos de Segmentação

1. Segmentação binária: divide a imagem em duas classes (fundo e objeto).

2. Segmentação multiclasses: separa a imagem em múltiplas regiões, cada uma representando uma classe distinta.

3. Segmentação hierárquica: organiza regiões em diferentes níveis de detalhamento, formando uma estrutura hierárquica.

8.2. Métodos Clássicos de Segmentação

8.2.1. Limiarização

A limiarização é um dos métodos mais simples e eficazes para segmentação binária. Consiste em aplicar um valor de limiar TT, separando pixels acima e abaixo desse valor:

Isegmentado(x,y)={1,se I(x,y)≥T0,caso contra´rioI_{segmentado}(x, y) = \begin{cases} 1, & \text{se } I(x, y) \geq T \\ 0, & \text{caso contrário} \end{cases}

- Limiarização global: utiliza um único valor TT para toda a imagem.

- Limiarização adaptativa: calcula valores TT diferentes para cada região da imagem, adaptando-se às variações de iluminação.

- Método de Otsu: determina automaticamente o limiar ótimo com base na minimização da variância intra-classes.

Exemplo com OpenCV

```
import cv2

# Leitura da imagem
dados = cv2.imread('imagem.jpg', cv2.IMREAD_GRAYSCALE)

# Limiarização global
```

```
_,    binarizada    =    cv2.threshold(dados,    127,    255,
cv2.THRESH_BINARY)

# Limiarização adaptativa
adaptativa    =    cv2.adaptiveThreshold(dados,    255,
cv2.ADAPTIVE_THRESH_GAUSSIAN_C,
cv2.THRESH_BINARY, 11, 2)

cv2.imshow('Binarizada', binarizada)
cv2.imshow('Adaptativa', adaptativa)
cv2.waitKey(0)
cv2.destroyAllWindows()
```

8.2.2. Segmentação Baseada em Regiões

Métodos baseados em regiões analisam grupos de pixels vizinhos para identificar áreas homogêneas. Exemplos incluem:

- Crescimento de região: inicia a partir de sementes e expande as regiões com base em critérios de similaridade.

- Divisão e fusão: divide a imagem em sub-regiões e, posteriormente, funde regiões semelhantes.

8.2.3. Segmentação Baseada em Bordas

Essa técnica utiliza algoritmos de detecção de bordas, como Sobel ou Canny, para identificar contornos de objetos. Uma vez detectadas as bordas, técnicas como preenchimento de regiões podem ser aplicadas para segmentação.

8.2.4. Segmentação por Clusterização

A clusterização organiza pixels com características semelhantes em grupos. Um dos algoritmos mais populares é o kk-means, que minimiza a variância dentro dos clusters.

```
from sklearn.cluster import KMeans
import numpy as np

# Carregar imagem e reformatar
imagem = cv2.imread('imagem.jpg')
img_reformada = imagem.reshape((-1, 3))

# Aplicar K-means
kmeans                    =                    KMeans(n_clusters=3,
random_state=0).fit(img_reformada)
segmentada = kmeans.labels_.reshape(imagem.shape[:2])

cv2.imshow('Segmentada', segmentada.astype(np.uint8) * 85)
cv2.waitKey(0)
cv2.destroyAllWindows()
```

8.3. Segmentação Avançada

8.3.1. Redes Neurais e Aprendizado Profundo

Com o advento do aprendizado profundo, métodos baseados em redes neurais convolucionais (CNNs) se tornaram padrão para segmentação de alta precisão. Exemplos incluem:

- Mask R-CNN: detecta objetos e gera máscaras detalhadas para cada objeto.

- U-Net: arquitetura projetada para segmentação em imagens biomédicas, conhecida por sua precisão.

8.3.2. Segmentação Baseada em Grafos

Métodos como corte de grafo (graph cut) modelam a segmentação como um problema de otimização, onde os pixels são representados como nós conectados por arestas com pesos baseados em similaridade.

8.4. Aplicações Práticas

- Biomedicina: segmenta tecidos, órgãos ou tumores em exames de imagem.

- Vigilância: isola pedestres, veículos ou objetos de interesse.

- Agricultura: analisa imagens de satélite para identificar tipos de cultivo ou áreas desmatadas.

- Design e entretenimento: permite edição de imagens e vídeos com separação de fundo e objetos.

8.5. Considerações Finais

A segmentação de imagens é uma área vasta e em constante evolução. Enquanto os métodos clássicos ainda são amplamente utilizados, técnicas avançadas baseadas em aprendizado de máquina e redes neurais estão redefinindo o estado da arte. A escolha do método ideal depende do problema e dos recursos disponíveis, mas o domínio dos conceitos abordados neste capítulo é essencial para qualquer profissional da área.

Capítulo 9: Detecção de Objetos Simples

A detecção de objetos simples é um dos pilares da visão computacional, permitindo identificar e localizar objetos específicos em imagens ou vídeos. Embora métodos avançados, como redes neurais, sejam amplamente utilizados, as técnicas simples ainda desempenham um papel importante em sistemas de baixo custo computacional ou em aplicações onde a precisão extrema não é essencial.

9.1. Conceitos Fundamentais

A detecção de objetos simples consiste em identificar padrões específicos ou características dentro de uma imagem. Os principais passos envolvidos são:

1. Pré-processamento: melhorar a qualidade da imagem e remover ruídos.
2. Extração de características: identificar atributos relevantes, como bordas, formas ou cores.
3. Classificação ou correspondência: determinar se as características extraídas correspondem ao objeto alvo.

9.2. Métodos Clássicos de Detecção

9.2.1. Detecção Baseada em Cor

A cor é uma característica simples e eficiente para detectar objetos. Trabalhar em diferentes espaços de cor, como HSV (matiz, saturação e valor), pode melhorar a robustez da detecção.

Exemplo em OpenCV:

import cv2

```python
import numpy as np

# Carregar imagem
imagem = cv2.imread('imagem.jpg')
hsv = cv2.cvtColor(imagem, cv2.COLOR_BGR2HSV)

# Definir faixa de cor para o objeto (exemplo: azul)
faixa_inferior = np.array([100, 150, 50])
faixa_superior = np.array([140, 255, 255])

# Criar máscara e detectar o objeto
mascara = cv2.inRange(hsv, faixa_inferior, faixa_superior)
resultado    =    cv2.bitwise_and(imagem,    imagem,
mask=mascara)

cv2.imshow('Objeto Detectado', resultado)
cv2.waitKey(0)
cv2.destroyAllWindows()
```

9.2.2. Detecção Baseada em Formas Geométricas

A identificação de formas geométricas, como círculos, retângulos ou linhas, é útil para objetos que possuem contornos bem definidos.

Detecção de Círculos com o Transformada de Hough:

```python
# Detectar círculos em uma imagem
gray = cv2.cvtColor(imagem, cv2.COLOR_BGR2GRAY)
blur = cv2.medianBlur(gray, 5)

circulos    =    cv2.HoughCircles(blur,
cv2.HOUGH_GRADIENT, dp=1.2, minDist=20, param1=50,
param2=30, minRadius=5, maxRadius=50)
```

```python
if circulos is not None:
    circulos = np.round(circulos[0, :]).astype(int)
    for (x, y, r) in circulos:
        cv2.circle(imagem, (x, y), r, (0, 255, 0), 4)

cv2.imshow('Círculos Detectados', imagem)
cv2.waitKey(0)
cv2.destroyAllWindows()
```

9.2.3. Detecção Baseada em Padrões

Métodos de correspondência de padrões (template matching) procuram por regiões na imagem que correspondam a um modelo pré-definido.

```python
# Correspondência de padrão
template = cv2.imread('template.jpg', 0)
resultado = cv2.matchTemplate(gray, template, cv2.TM_CCOEFF_NORMED)
min_val, max_val, min_loc, max_loc = cv2.minMaxLoc(resultado)

# Desenhar a região detectada
top_left = max_loc
h, w = template.shape[:2]
bottom_right = (top_left[0] + w, top_left[1] + h)

cv2.rectangle(imagem, top_left, bottom_right, (255, 0, 0), 2)
cv2.imshow('Padrão Detectado', imagem)
cv2.waitKey(0)
cv2.destroyAllWindows()
```

9.3. Desafios na Detecção de Objetos Simples

Embora técnicas simples sejam eficazes em cenários controlados, elas enfrentam desafios em condições reais, incluindo:

- Iluminação Variável: alterações de luz podem afetar a detecção baseada em cor.
- Ruído: pode introduzir falsos positivos.
- Oclusão: parte do objeto pode estar bloqueada.
- Variabilidade do Objeto: tamanho, orientação e forma podem variar.

9.4. Aplicações Práticas

- Inspeção Industrial: identifica defeitos em produtos ou verifica dimensões.
- Rastreamento em Tempo Real: localiza objetos para sistemas de vigilância.
- Automatização Doméstica: detecta elementos como rostos ou mãos para interfaces de controle.

9.5. Considerações Finais

A detecção de objetos simples é uma base essencial na visão computacional e oferece soluções eficientes para diversos problemas do mundo real. No entanto, é importante reconhecer suas limitações e considerar métodos mais robustos quando necessário. Dominar essas técnicas é o primeiro passo para abordar desafios mais complexos no processamento de imagens.

Capítulo 10: Introdução ao Reconhecimento de Faces

O reconhecimento de faces é uma das áreas mais fascinantes e amplamente utilizadas da visão computacional. Ele abrange a identificação e verificação de rostos humanos em imagens ou vídeos, sendo utilizado em aplicações como segurança, biometria, redes sociais e entretenimento.

10.1. Conceitos Fundamentais

O reconhecimento de faces pode ser dividido em etapas distintas:

1. Detecção de Rostos: localizar rostos em uma imagem ou vídeo.

2. Alinhamento Facial: normalizar o rosto detectado para padronizar escala, posição e rotação.

3. Extração de Características: identificar atributos faciais únicos.

4. Reconhecimento: comparar as características extraídas com um banco de dados para identificar ou verificar a identidade.

Diferença entre Detecção e Reconhecimento

- Detecção: consiste em identificar a presença de rostos na   imagem.

- Reconhecimento: vai além da detecção, atribuindo uma identidade específica ao rosto detectado.

10.2. Métodos Clássicos de Reconhecimento de Faces

10.2.1. Análise Baseada em Características

Neste método, pontos-chave do rosto, como olhos, nariz e boca, são extraídos e usados para identificar o rosto.

10.2.2. PCA (Principal Component Analysis) - Eigenfaces

O PCA é usado para reduzir a dimensionalidade dos dados, criando um conjunto de "eigenfaces" que representam componentes principais da variação nos rostos. Um rosto é projetado nesse espaço e comparado com os rostos no banco de dados.

10.2.3. LDA (Linear Discriminant Analysis) - Fisherfaces

Enquanto o PCA maximiza a variação total nos dados, o LDA maximiza a separação entre classes, tornando-o mais eficaz em situações com múltiplas identidades.

10.2.4. LBPH (Local Binary Patterns Histograms)

O LBPH é um método simples e eficaz que usa padrões locais para representar as texturas do rosto. Ele divide a imagem em regiões, calcula os histogramas locais e os combina para criar uma representação final.

Exemplo com OpenCV:

```
import cv2

# Carregar o classificador Haar Cascade para detecção de rostos
face_cascade = cv2.CascadeClassifier(cv2.data.haarcascades + 'haarcascade_frontalface_default.xml')

# Carregar imagem
dados = cv2.imread('foto.jpg')
gray = cv2.cvtColor(dados, cv2.COLOR_BGR2GRAY)

# Detectar rostos
faces = face_cascade.detectMultiScale(gray, scaleFactor=1.1, minNeighbors=5, minSize=(30, 30))

for (x, y, w, h) in faces:
    cv2.rectangle(dados, (x, y), (x+w, y+h), (255, 0, 0), 2)

cv2.imshow('Detecção de Rostos', dados)
cv2.waitKey(0)
cv2.destroyAllWindows()
```

10.3. Métodos Baseados em Aprendizado Profundo

10.3.1. Redes Neurais Convolucionais (CNNs)

As CNNs revolucionaram o reconhecimento de faces, permitindo a extração de características complexas diretamente das imagens. Redes populares incluem:

- DeepFace: desenvolvido pelo Facebook, alcança alta precisão em reconhecimento facial.

66

- FaceNet: gera vetores de características (embeddings) que representam rostos em um espaço de baixa dimensionalidade.

- Dlib: biblioteca popular que usa embeddings faciais para comparações eficientes.

10.3.2. Transfer Learning

Redes pré-treinadas podem ser adaptadas para aplicações específicas de reconhecimento de faces, economizando tempo e recursos computacionais.

Exemplo usando FaceNet e Dlib:

```
import face_recognition

# Carregar imagem de referência e de teste
imagem_referencia                                    =
face_recognition.load_image_file('pessoa1.jpg')
imagem_teste                                         =
face_recognition.load_image_file('pessoa2.jpg')

# Codificar rostos
encoding_referencia                                  =
face_recognition.face_encodings(imagem_referencia)[0]
encoding_teste                                       =
face_recognition.face_encodings(imagem_teste)[0]

# Comparar rostos
```

```
resultados                                      =
face_recognition.compare_faces([encoding_referencia],
encoding_teste)
```

```
e = "Compatíveis" if resultados[0] else "Não compatíveis"
print(f"Os rostos são: {e}")
```

10.4. Aplicações Práticas

- Segurança: sistemas de autenticação biométrica e vigilância.

- Redes Sociais: marcação automática de usuários em fotos.

- Saúde: monitoramento de pacientes.

- Entretenimento: personalização de experiências baseadas no reconhecimento do usuário.

10.5. Desafios no Reconhecimento de Faces

Apesar dos avanços, o reconhecimento de faces enfrenta desafios como:

- Iluminação: alterações nas condições de luz podem dificultar a detecção.

- Expressões Faciais: mudanças nas expressões podem alterar as características do rosto.

- Oclusão: partes do rosto podem estar cobertas.

- Variabilidade entre Idades: o envelhecimento pode alterar a aparência facial.

- Preocupações com Privacidade: o uso indevido de dados faciais levanta questões éticas.

10.6. Considerações Finais

O reconhecimento de faces evoluiu significativamente nos últimos anos, impulsionado por algoritmos sofisticados e maior poder computacional. Este capítulo fornece uma base sólida para explorar aplicações e desafios na área, preparando o leitor para aprofundar-se em técnicas mais complexas ou integrações práticas.

Capítulo 11: Rastreamento de Objetos

O rastreamento de objetos é um campo essencial da visão computacional, utilizado para monitorar o movimento e a posição de um objeto em sequências de vídeo ou em tempo real. Ele tem aplicações em áreas como segurança, automação, esportes e entretenimento.

11.1. O Que é Rastreamento de Objetos?

O rastreamento de objetos consiste em identificar a posição de um objeto ou região de interesse em cada quadro de uma sequência de vídeo, criando uma trajetória que representa o deslocamento do objeto ao longo do tempo.

Principais Etapas do Rastreamento:

1. Detecção Inicial: localizar o objeto em um quadro inicial.

2. Associação Temporal: vincular as detecções do objeto em   diferentes   quadros.

3. Atualização: ajustar o rastreador conforme o objeto se move   ou   muda   de   aparência.

11.2. Técnicas de Rastreamento de Objetos

11.2.1. Rastreamento Baseado em Detecção

Este método detecta o objeto em cada quadro individualmente, usando técnicas como redes neurais ou detectores clássicos. Ele é robusto a oclusões e mudanças no objeto, mas pode ser computacionalmente caro.

11.2.2. Rastreamento Baseado em Fluxo Óptico

O fluxo óptico mede o movimento de pixels entre quadros consecutivos, permitindo estimar a direção e a velocidade do objeto.

Exemplo em OpenCV:

```
import cv2
import numpy as np

# Carregar vídeo
video = cv2.VideoCapture('video.mp4')
ret, primeiro_quadro = video.read()

# Converter para escala de cinza
gray_primeiro       =       cv2.cvtColor(primeiro_quadro,
cv2.COLOR_BGR2GRAY)

# Definir regiões de interesse (ROI) manualmente
pontos      =      cv2.goodFeaturesToTrack(gray_primeiro,
maxCorners=100, qualityLevel=0.3, minDistance=7)

# Inicializar parâmetros do fluxo óptico
lk_params   =   dict(winSize=(15,   15),   maxLevel=2,
criteria=(cv2.TERM_CRITERIA_EPS              |
cv2.TERM_CRITERIA_COUNT, 10, 0.03))

# Loop pelos quadros
while True:
```

```python
    ret, quadro = video.read()
    if not ret:
        break

    gray_quadro                 =                cv2.cvtColor(quadro,
cv2.COLOR_BGR2GRAY)

    # Calcular fluxo óptico
    novos_pontos,              status,           _           =
cv2.calcOpticalFlowPyrLK(gray_primeiro,     gray_quadro,
pontos, None, **lk_params)

    # Atualizar e desenhar
    for i, (novo, velho) in enumerate(zip(novos_pontos,
pontos)):
        x, y = novo.ravel()
        x_old, y_old = velho.ravel()
        cv2.circle(quadro, (int(x), int(y)), 5, (0, 255, 0), -1)
        cv2.line(quadro, (int(x), int(y)), (int(x_old), int(y_old)),
(255, 0, 0), 2)

    cv2.imshow('Fluxo Óptico', quadro)
    gray_primeiro = gray_quadro.copy()
    pontos = novos_pontos[status == 1].reshape(-1, 1, 2)

    if cv2.waitKey(1) & 0xFF == ord('q'):
        break

video.release()
cv2.destroyAllWindows()
```

11.2.3. Rastreamento Baseado em Filtros

- Filtro de Kalman: usado para estimar a posição futura do objeto com base em medições anteriores e um modelo de movimento.

- Filtro de Partículas: rastreia objetos em cenários mais complexos, onde o movimento é não linear.

11.2.4. Rastreamento de Objetos Multi-Câmera

Em cenários onde várias câmeras capturam o mesmo espaço, técnicas de fusão de dados são utilizadas para manter a continuidade do rastreamento.

11.3. Rastreamento Baseado em Deep Learning

As redes neurais convolucionais (CNNs) e redes de detecção em tempo real, como YOLO (You Only Look Once), têm melhorado significativamente o rastreamento de objetos. Modelos populares incluem:

- DeepSORT: combina detecções com rastreamento baseado em associações de embeddings.

- Siamese Networks: utiliza redes gêmeas para aprender similaridades entre o objeto rastreado e o fundo.

11.4. Aplicações Práticas

- Segurança: monitoramento de pés e veículos em câmeras de vigilância.

- Robótica: rastreamento de alvos para navegação autônoma.

- Esportes: análise de desempenho de atletas em jogos.

- Entretenimento: efeitos de realidade aumentada baseados em objetos em movimento.

11.5. Desafios no Rastreamento de Objetos

- Oclusão: objetos podem ser parcialmente ou completamente bloqueados por outros.

- Mudanças Rápidas de Aparência: alterações de escala, rotação ou iluminação podem dificultar o rastreamento.

- Ruído e Artefatos: interferências podem comprometer a precisão.

- Objetos Múltiplos: rastrear diversos objetos simultaneamente aumenta a complexidade.

11.6. Considerações Finais

O rastreamento de objetos é uma ferramenta poderosa para análise visual e interação em diversos campos. Embora apresente desafios, avanços em algoritmos e hardware continuam a expandir suas possibilidades. Este capítulo serve como um guia introdutório, preparando o leitor para explorar implementações mais detalhadas e robustas.

Capítulo 12: Análise de Movimento

A análise de movimento é uma área fundamental da visão computacional que envolve a identificação, a medição e a interpretação de padrões de movimento em sequências de vídeo ou em ambientes ao vivo. Essa análise permite a compreensão de atividades, a segmentação de objetos em movimento e o rastreamento de trajetórias.

12.1. O Que é Análise de Movimento?

A análise de movimento examina como os objetos mudam de posição ao longo do tempo em uma série de quadros de vídeo. Pode ser aplicada em uma ampla variedade de contextos, como:

- Monitoramento de tráfego.

- Detecção de atividades humanas.

- Análise biomecânica.

- Visualização de fluxos dinâmicos.

12.2. Fundamentos da Análise de Movimento

A base para a análise de movimento consiste em identificar e rastrear regiões ou objetos em movimento em sequências de vídeo. Isso geralmente envolve:

1. Detecção de Movimento: localizar regiões em movimento em cada quadro.

2. Rastreamento de Objetos: vincular as regiões detectadas entre os quadros.

3. Interpretação do Movimento: classificar ou analisar os padrões de movimento detectados.

12.3. Técnicas Clássicas de Análise de Movimento

12.3.1. Diferença de Quadros (Frame Differencing)

Essa técnica identifica regiões em movimento comparando a diferença entre dois quadros consecutivos. É simples e eficaz para cenários com movimento distinto e fundo estático.

Exemplo com OpenCV:

```
import cv2

# Carregar vídeo
video = cv2.VideoCapture('video.mp4')

ret, frame_anterior = video.read()
gray_anterior = cv2.cvtColor(frame_anterior, cv2.COLOR_BGR2GRAY)

while True:
    ret, frame_atual = video.read()
    if not ret:
```

```
    break

    gray_atual              =              cv2.cvtColor(frame_atual,
cv2.COLOR_BGR2GRAY)

    # Diferença de quadros
    diferenca = cv2.absdiff(gray_anterior, gray_atual)
    _,    thresh    =    cv2.threshold(diferenca,    25,    255,
cv2.THRESH_BINARY)

    cv2.imshow('Movimento Detectado', thresh)

    gray_anterior = gray_atual.copy()

    if cv2.waitKey(30) & 0xFF == ord('q'):
        break

video.release()
cv2.destroyAllWindows()
```

12.3.2. Subtração de Fundo (Background Subtraction)

Essa técnica cria um modelo de fundo dinâmico para identificar regiões de movimento. É ideal para cenários onde o fundo muda lentamente ao longo do tempo.

OpenCV oferece modelos como MOG2:

```
import cv2

video = cv2.VideoCapture('video.mp4')
fgbg = cv2.createBackgroundSubtractorMOG2()

while True:
```

```
ret, frame = video.read()
if not ret:
  break

fgmask = fgbg.apply(frame)

cv2.imshow('Subtração de Fundo', fgmask)

if cv2.waitKey(30) & 0xFF == ord('q'):
  break

video.release()
cv2.destroyAllWindows()
```

12.3.3. Fluxo Óptico

O fluxo óptico rastreia o movimento de pixels entre quadros consecutivos. Ele pode ser aplicado para estimar direção e velocidade do movimento.

12.4. Métodos Baseados em Aprendizado de Máquina

Com o avanço do aprendizado profundo, técnicas baseadas em redes neurais têm sido amplamente adotadas para análise de movimento. Modelos como RNNs (Redes Neurais Recorrentes) e redes convolucionais 3D (3D CNNs) são usados para processar sequências temporais e identificar padrões complexos de movimento.

12.5. Aplicações Práticas

- Detecção de Atividades: identificar comportamentos específicos em vídeos, como correr, caminhar ou pular.

- Monitoramento de Tráfego: analisar fluxo de veículos e pedestres em tempo real.

- Reconhecimento de Gestos: usado em interfaces interativas.

- Estudo de Padrões Biomecânicos: aplicado em esportes e saúde.

12.6. Desafios na Análise de Movimento

- Ruído em Imagens: baixa qualidade ou condições de iluminação podem dificultar a detecção precisa.

- Ambientes Complexos: cenários com múltiplos objetos ou fundo dinâmico podem confundir os algoritmos.

- Movimento Rápido: objetos em alta velocidade podem aparecer borrados.

- Escala Temporal: eventos que ocorrem em diferentes escalas temporais podem exigir técnicas especializadas.

12.7. Considerações Finais

A análise de movimento desempenha um papel crucial em sistemas baseados em visão computacional. Este capítulo apresenta uma base para explorar técnicas clássicas e modernas, abordando seus benefícios, limitações e aplicações. Com a evolução da tecnologia, novos métodos continuarão a emergir, expandindo ainda mais as possibilidades desse campo.

Capítulo 13: Perspectiva e Transformações Geométricas

As transformações geométricas e a perspectiva são fundamentos da visão computacional que permitem manipular e analisar imagens. Essas técnicas são amplamente utilizadas em aplicações como correção de distorções, alinhamento de imagens e visualização tridimensional.

13.1. Introdução à Perspectiva e Transformações Geométricas

Uma transformação geométrica altera as coordenadas dos pixels de uma imagem para ajustar sua escala, orientação ou projeção. Essas transformações podem ser:

- Afins: preservam linhas paralelas (como rotação, escala e cisalhamento).

- Perspectivas: alteram a projetação de modo que as linhas convergem em pontos de fuga.

13.2. Tipos de Transformações Geométricas

13.2.1. Translação

Desloca uma imagem em uma direção especificada ao mover seus pixels horizontal ou verticalmente.

Exemplo com OpenCV:

import cv2
import numpy as np

```
imagem = cv2.imread('imagem.jpg')
linhas, colunas = imagem.shape[:2]

# Matriz de translação
matriz = np.float32([[1, 0, 50], [0, 1, 100]])
imagem_transladada = cv2.warpAffine(imagem, matriz,
(colunas, linhas))

cv2.imshow('Translação', imagem_transladada)
cv2.waitKey(0)
cv2.destroyAllWindows()
```

13.2.2. Rotação

Gira a imagem em torno de um ponto central especificado.

Exemplo:

```
centro = (colunas // 2, linhas // 2)
angulo = 45
escala = 1

matriz_rotacao = cv2.getRotationMatrix2D(centro, angulo,
escala)
imagem_rotacionada = cv2.warpAffine(imagem,
matriz_rotacao, (colunas, linhas))

cv2.imshow('Rotação', imagem_rotacionada)
```

13.2.3. Escala

Redimensiona a imagem para um tamanho maior ou menor.

imagem_redimensionada = cv2.resize(imagem, None, fx=2, fy=2, interpolation=cv2.INTER_LINEAR)

13.2.4. Cisalhamento

Inclina a imagem em uma direção horizontal ou vertical.

13.2.5. Transformação Afim

Permite transformações como rotação, translação e escala mantendo a paralelidade das linhas.

Exemplo:

```
pts1 = np.float32([[50, 50], [200, 50], [50, 200]])
pts2 = np.float32([[10, 100], [200, 50], [100, 250]])

matriz_afim = cv2.getAffineTransform(pts1, pts2)
resultado = cv2.warpAffine(imagem, matriz_afim, (colunas, linhas))
```

13.2.6. Transformação de Perspectiva

Permite ajustar a projeção da imagem, como se fosse vista de outro ângulo.

Exemplo:

```
pts1 = np.float32([[56, 65], [368, 52], [28, 387], [389, 390]])
pts2 = np.float32([[0, 0], [300, 0], [0, 300], [300, 300]])

matriz_perspectiva = cv2.getPerspectiveTransform(pts1, pts2)
resultado = cv2.warpPerspective(imagem, matriz_perspectiva, (300, 300))
```

13.3. Matrizes de Transformação

As transformações geométricas são realizadas por meio de matrizes que representam as operações desejadas. A composição de várias transformações pode ser representada pela multiplicação de matrizes.

13.4. Perspectiva e Câmeras

A perspectiva é determinada pela posição da câmera e pelo campo de visão. Modelos matemáticos, como projeção pinhole, são usados para simular os efeitos de perspectiva em imagens.

13.5. Aplicações Práticas

- Correção de Distorção: ajustar imagens capturadas por lentes grande-angulares.

- Alinhamento de Imagens: combinar múltiplas imagens para criar mosaicos.

- Realidade Aumentada: projetar objetos virtuais no espaço real com base em transformações de perspectiva.

- Reconhecimento de Formas: normalizar imagens para facilitar a detecção de padrões.

13.6. Desafios

- Perda de Informação: algumas transformações podem resultar em pixels fora do quadro.

- Precisão Matemática: erros em coordenadas podem impactar a qualidade da transformação.

- Computação Intensiva: operações em imagens de alta resolução podem ser lentas.

13.7. Considerações Finais

O entendimento das transformações geométricas e da perspectiva é crucial para qualquer engenheiro ou cientista da computação que trabalhe com visão computacional. Este capítulo forneceu uma visão geral das principais técnicas, exemplos práticos e desafios, preparando o leitor para aplicações mais complexas.

Capítulo 14: Detecção e Reconhecimento de Textos

A detecção e o reconhecimento de textos são componentes essenciais em sistemas de visão computacional que envolvem a extração de informação visual. Essa área é particularmente importante em aplicações como OCR (Optical Character Recognition), digitalização de documentos, análise de placas de veículos e acessibilidade digital.

14.1. Introdução à Detecção e Reconhecimento de Textos

A detecção de texto refere-se à localização de regiões em uma imagem que contêm texto, enquanto o reconhecimento de texto trata da interpretação dos caracteres encontrados nessas regiões. Esses dois processos geralmente operam em conjunto para extrair informações textuais de imagens ou vídeos.

14.2. Fundamentos da Detecção de Textos

A detecção de textos envolve a identificação de padrões e estruturas que se assemelham a caracteres ou palavras em uma imagem. Isso pode ser feito por meio de:

- Segmentação baseada em cor ou textura: identifica regiões com características distintas que correspondem a texto.

- Métodos baseados em aprendizado profundo: redes neurais convolucionais (CNNs) treinadas para identificar regiões de texto.

Exemplo com OpenCV:

```
import cv2
import pytesseract

# Carregar imagem
imagem = cv2.imread('imagem_com_texto.jpg')
gray = cv2.cvtColor(imagem, cv2.COLOR_BGR2GRAY)

# Aplicação de limiar para destacar texto
_, thresh = cv2.threshold(gray, 150, 255, cv2.THRESH_BINARY)

# Mostrar imagem processada
cv2.imshow('Texto Destacado', thresh)
cv2.waitKey(0)
cv2.destroyAllWindows()
```

14.3. Reconhecimento de Textos

O reconhecimento de textos utiliza algoritmos para converter regiões detectadas em caracteres interpretáveis. Isso pode ser feito por:

- OCR Clássico: algoritmos tradicionais, como o Tesseract, que reconhecem caracteres com base em correspondência de padrões.

- Modelos de aprendizado profundo: como redes neurais recorrentes (RNNs) e transformers para reconhecimento de texto em imagens complexas.

Exemplo com Pytesseract:

```
import pytesseract

# Configurar caminho do Tesseract
pytesseract.pytesseract.tesseract_cmd    =    r'C:\Program
Files\Tesseract-OCR\tesseract.exe'

# Extração de texto
texto = pytesseract.image_to_string(thresh, lang='por')
print("Texto Detectado:")
print(texto)
```

14.4. Métodos Modernos de Detecção e Reconhecimento

14.4.1. EAST Text Detector

O modelo EAST ("Efficient and Accurate Scene Text Detector") detecta textos em imagens de forma rápida e precisa. Ele retorna caixas delimitadoras ou polígonos de texto.

Exemplo:

```
import cv2

# Carregar modelo EAST
net = cv2.dnn.readNet('frozen_east_text_detection.pb')

# Preparar imagem
blob = cv2.dnn.blobFromImage(imagem, 1.0, (320, 320),
(123.68, 116.78, 103.94), swapRB=True, crop=False)
net.setInput(blob)
```

```
# Obter caixas delimitadoras
scores,                    geometry           =
net.forward(['feature_fusion/Conv_7/Sigmoid',
'feature_fusion/concat_3'])
```

14.4.2. CRNN (Convolutional Recurrent Neural Network)

Essa combinação de redes convolucionais e recorrentes é usada para reconhecer sequências de caracteres em imagens de texto.

14.4.3. Transformers para OCR

Modelos baseados em transformers, como o TrOCR da Microsoft, têm se destacado no reconhecimento de textos em cenários complexos e multiídios.

14.5. Aplicações Práticas

- Leitura Automática de Placas de Veículos (ALPR): utilizada em sistemas de trânsito e segurança.

- Digitalização de Documentos: conversão de documentos impressos em formatos digitais editáveis.

- Acessibilidade: leitura de texto em tempo real para deficientes visuais.

- Tradução Instantânea: aplicações como o Google Tradutor que interpretam texto em imagens e oferecem traduções em tempo real.

14.6. Desafios

- Textos em Ambientes Naturais: texto inclinado, curvado ou em fundos complexos pode ser difícil de detectar.

- Ruído e Qualidade da Imagem: baixa resolução ou iluminação precária impactam a precisão do reconhecimento.

- Diversidade de Fontes e Idiomas: diferenças estilísticas e idiomáticas exigem maior capacidade de generalização dos modelos.

14.7. Considerações Finais

A detecção e o reconhecimento de textos são áreas dinâmicas e em constante evolução. Desde métodos tradicionais até soluções baseadas em aprendizado profundo, os avanços nessa área têm ampliado significativamente as possibilidades de aplicações no mundo real. A integração de ferramentas como OpenCV, Pytesseract e redes neurais modernas permite o desenvolvimento de sistemas robustos para lidar com os mais diversos cenários.

Capítulo 15: Visão Computacional em Tempo Real

A visão computacional em tempo real desempenha um papel crucial em aplicações que exigem análise e resposta instantânea a eventos. Tecnologias como a detecção de objetos, rastreamento de movimento e análise de vídeos em streaming dependem de sistemas capazes de processar informações visuais em alta velocidade e com eficiência.

15.1. Introdução à Visão Computacional em Tempo Real

Visão computacional em tempo real refere-se ao processamento de imagens ou vídeos em movimento enquanto os dados ainda estão sendo capturados. Isso permite interações dinâmicas e imediatas em diversas aplicações industriais, de segurança, entretenimento e muito mais.

Os desafios centrais incluem:

- Latência: minimizar o atraso entre a captura e o processamento.

- Eficiência computacional: lidar com grandes volumes de dados visuais em alta velocidade.

- Robustez: operar com precisão em ambientes dinâmicos ou sob condições adversas.

15.2. Componentes Essenciais

15.2.1. Aquisição de Dados

Câmeras ou sensores capturam as imagens ou vídeos. Fatores como resolução, taxa de quadros (FPS) e condições de iluminação influenciam diretamente a qualidade do processamento.

15.2.2. Algoritmos de Processamento

- Detecção de bordas e contornos: identifica formas e objetos em cada frame.

- Segmentação de regiões: separa objetos de interesse do fundo.

- Detecção de movimento: rastreia mudanças entre quadros consecutivos.

15.2.3. Hardware Otimizado

- GPUs: fornecem capacidade de processamento paralelo essencial para aplicações em tempo real.

- FPGA e ASIC: usados em aplicações que exigem latência ultrabaixa.

15.3. Pipeline de Processamento em Tempo Real

1. Captura: utiliza câmeras para obter frames.

2. Pré-processamento: melhora a qualidade das imagens, reduzindo ruído ou ajustando contraste.

3. Análise: aplica modelos ou algoritmos para extrair informações.

4. Ação: implementa uma resposta baseada nos resultados, como acionar alertas ou manipular robôs.

Exemplo com OpenCV:

```
import cv2

# Iniciar captura de vídeo
captura = cv2.VideoCapture(0)

while True:
    ret, frame = captura.read()
    if not ret:
        break

    # Processamento em tempo real (exemplo: conversão para escala de cinza)
    cinza = cv2.cvtColor(frame, cv2.COLOR_BGR2GRAY)

    # Exibir resultados
    cv2.imshow('Visão Computacional em Tempo Real', cinza)
```

```
# Encerrar com tecla 'q'
if cv2.waitKey(1) & 0xFF == ord('q'):
    break

captura.release()
cv2.destroyAllWindows()
```

15.4. Aplicativos Comuns

15.4.1. Segurança e Vigilância

Câmeras inteligentes com detecção de intrusão, reconhecimento facial e monitoramento de comportamentos suspeitos.

15.4.2. Veículos Autônomos

Sistemas de visão embarcados permitem a detecção de pedestres, leitura de placas e navegação em tempo real.

15.4.3. Realidade Aumentada

Integra objetos virtuais ao mundo real em tempo real para aplicações de jogos, treinamento e manutenção industrial.

15.4.4. Healthcare

Análise de vídeos médicos para monitoramento de pacientes ou apoio a diagnósticos.

15.5. Métodos Avançados

15.5.1. Modelos Baseados em Aprendizado Profundo

Redes neurais convolucionais (CNNs) e transformers processam dados visuais com alta precisão, mesmo em condições desafiadoras.

15.5.2. Algoritmos de Rastreamento

- KLT Tracker: rastreamento de recursos baseados em fluxo óptico.

- SORT e DeepSORT: rastreamento de objetos múltiplos.

15.5.3. Compressão e Otimização

Modelos otimizados para dispositivos edge permitem que sistemas operem eficientemente com recursos limitados.

15.6. Desafios

- Latência: mesmo pequenas demoras podem ser inaceitáveis em aplicações críticas.

- Consumo de Energia: sistemas embarcados precisam balancear eficiência e desempenho.

- Robustez em Cenários Variáveis: iluminação, clima ou obstruções podem impactar a precisão.

15.7. Futuro da Visão Computacional em Tempo Real

Com avanços na integração de hardware e algoritmos mais eficientes, espera-se que sistemas de visão computacional em tempo real se tornem cada vez mais precisos e acessíveis. Soluções baseadas em edge computing e 5G prometem levar essas tecnologias a novos níveis de desempenho.

15.8. Considerações Finais

A visão computacional em tempo real é uma área de grande impacto e potencial. Este capítulo abordou os fundamentos, desafios e avanços tecnológicos que tornam possíveis aplicações inovadoras, estabelecendo a base para futuras explorações e implementações.

Capítulo 16: Treinamento de Modelos Simples com Machine Learning

O aprendizado de máquina (Machine Learning - ML) é uma tecnologia essencial para a construção de sistemas inteligentes que podem aprender com os dados e melhorar seu desempenho ao longo do tempo. Este capítulo foca em treinar modelos simples utilizando algoritmos de aprendizado supervisionado, para que o leitor possa entender os princípios fundamentais do treinamento de modelos em problemas práticos. Vamos explorar as etapas essenciais, os métodos mais utilizados e exemplos de implementação utilizando bibliotecas populares como o Scikit-learn.

16.1. Introdução ao Aprendizado de Máquina

O aprendizado de máquina é uma subárea da inteligência artificial (IA) que ensina os sistemas a aprenderem a partir de dados, sem a necessidade de programação explícita para cada tarefa. Em vez de escrever regras complexas, treinamos um modelo para aprender padrões e fazer previsões com base nos dados fornecidos. No contexto da visão computacional, isso é aplicado em tarefas como classificação de imagens, detecção de objetos e até reconhecimento facial.

16.1.1. Tipos de Aprendizado de Máquina

Existem três tipos principais de aprendizado de máquina:

- Aprendizado Supervisionado: Nesse tipo de aprendizado, o modelo é treinado com dados rotulados. Ou seja, para cada entrada fornecida, o modelo já sabe qual deve ser a saída. Este é o tipo mais comum de aprendizado e é utilizado para tarefas como classificação e regressão.

- Aprendizado Não Supervisionado: Ao contrário do aprendizado supervisionado, no aprendizado não supervisionado, o modelo não tem rótulos para aprender. O objetivo é identificar padrões ou grupos nos dados. Exemplos incluem clustering (agrupamento) e redução de dimensionalidade.

- Aprendizado por Reforço: Este tipo de aprendizado envolve um agente que toma decisões baseadas em recompensas e penalidades que recebe ao interagir com o ambiente. É utilizado em problemas como jogos, controle de robôs e otimização de processos.

16.2. Preparação de Dados para Treinamento

Antes de treinar um modelo de aprendizado de máquina, é essencial preparar os dados. A preparação de dados envolve várias etapas que incluem a coleta, limpeza e transformação dos dados. Em problemas de visão computacional, normalmente trabalhamos com imagens ou vídeos.

16.2.1. Coleta de Dados

A qualidade do modelo depende em grande parte dos dados com os quais ele é treinado. Para problemas de visão computacional, é fundamental que os dados representem de forma fiel o que o modelo precisa aprender. Por exemplo, se estivermos treinando um modelo para reconhecer cães e gatos, precisamos de uma grande quantidade de imagens representativas de cada categoria.

16.2.2. Limpeza de Dados

Os dados frequentemente contêm ruídos ou erros, como imagens corrompidas, rótulos incorretos ou dados duplicados. É importante realizar a limpeza para garantir que o modelo não seja influenciado por esses problemas. Isso pode envolver a remoção de dados faltantes ou a correção de rótulos errados.

16.2.3. Normalização dos Dados

Para garantir que os modelos de aprendizado de máquina funcionem de maneira eficiente, os dados frequentemente precisam ser normalizados ou escalonados. Isso é particularmente importante quando trabalhamos com dados de diferentes escalas. Por exemplo, as intensidades de pixel de uma imagem podem variar de 0 a 255, enquanto os valores de outra variável podem ter uma faixa completamente diferente.

16.2.4. Divisão dos Dados

Geralmente, dividimos os dados em três conjuntos:

- Conjunto de Treinamento: utilizado para treinar o modelo.

- Conjunto de Validação: utilizado para ajustar parâmetros e evitar overfitting.

- Conjunto de Teste: utilizado para avaliar a performance final do modelo em dados nunca vistos.

16.3. Escolha de Algoritmos de Aprendizado

A escolha do algoritmo de aprendizado depende do tipo de problema que estamos tentando resolver. No caso da visão computacional, alguns algoritmos podem ser mais apropriados para certas tarefas, como classificar imagens, detectar objetos ou segmentar imagens.

16.3.1. Algoritmos Comuns de Aprendizado Supervisionado

- Regressão Logística: Este é um modelo simples utilizado principalmente para problemas de classificação binária. Ele prevê uma probabilidade de que uma amostra pertença a uma classe específica.

- K-Vizinhos Mais Próximos (K-NN): Esse algoritmo classifica uma nova amostra com base na proximidade de seus vizinhos mais próximos no conjunto de dados. K-NN é fácil de implementar e eficaz, mas pode ser computacionalmente caro quando aplicado a grandes conjuntos de dados.

- Máquinas de Vetores de Suporte (SVM): O SVM é um algoritmo eficaz para a classificação de grandes dimensões e pode ser usado para encontrar a melhor fronteira de separação entre classes.

- Redes Neurais Artificiais: Para tarefas mais complexas, como o reconhecimento de objetos em imagens, redes neurais convolucionais (CNNs) podem ser utilizadas. As redes neurais consistem em camadas de unidades de processamento (neurônios) que tentam aprender características dos dados de entrada.

16.4. Implementação de um Modelo Simples com Scikit-learn

O Scikit-learn é uma biblioteca poderosa e amplamente utilizada para construir e treinar modelos de aprendizado de máquina. Aqui, apresentamos um exemplo simples de como treinar um modelo de classificação utilizando o algoritmo K-NN, aplicando um conjunto de dados de dígitos manuscritos.

16.4.1. Exemplo Prático de Classificação de Imagens com K-NN

1. Importar as bibliotecas necessárias:

```python
CopyEdit
from sklearn.datasets import load_digits
from sklearn.model_selection import train_test_split
from sklearn.neighbors import KNeighborsClassifier
from sklearn.metrics import accuracy_score
```

2. Carregar o conjunto de dados de dígitos:

```python
CopyEdit
# Carregar conjunto de dados de dígitos manuscritos
dados = load_digits()
```

```
# Dividir os dados em conjuntos de treino e teste
X_train, X_test, y_train, y_test = train_test_split(dados.data,
dados.target, test_size=0.3)
```

3.   Treinar   o   modelo   K-NN:

python
CopyEdit
```
# Instanciar o modelo K-NN com 3 vizinhos
modelo = KNeighborsClassifier(n_neighbors=3)

# Treinar o modelo com os dados de treinamento
modelo.fit(X_train, y_train)
```

4.   Avaliar   o   modelo:

python
CopyEdit
```
# Fazer previsões com os dados de teste
y_pred = modelo.predict(X_test)

# Calcular a acurácia do modelo
acuracia = accuracy_score(y_test, y_pred)
print(f'Acurácia do modelo: {acuracia * 100:.2f}%')
```

Este exemplo utiliza o conjunto de dados digits do Scikit-learn, que contém imagens de dígitos manuscritos, para treinar um modelo K-NN e avaliar sua performance.

16.5. Avaliação do Modelo

Após o treinamento, é fundamental avaliar a performance do modelo para garantir que ele generalize bem para novos dados. Alguns dos métodos de avaliação incluem:

- Acurácia: A porcentagem de previsões corretas. A acurácia é a métrica mais comum, mas pode não ser ideal em problemas com dados desbalanceados.

- Precisão e Recall: São métricas especialmente importantes em problemas desbalanceados, como detecção de fraudes ou diagnóstico de doenças.

- Matriz de Confusão: Mostra as previsões em cada classe comparadas com os valores reais, permitindo uma análise mais detalhada de erros de classificação.

16.6. Overfitting e Underfitting

Durante o treinamento, pode-se enfrentar os problemas de overfitting e underfitting:

- Overfitting (Ajuste excessivo): Ocorre quando o modelo se ajusta excessivamente aos dados de treinamento, mas não generaliza bem para novos dados. Isso geralmente acontece com modelos muito complexos.

- Underfitting (Ajuste insuficiente): Ocorre quando o modelo é muito simples e não consegue aprender os padrões essenciais dos dados de treinamento.

Técnicas como regularização, validação cruzada e ajuste de parâmetros podem ajudar a prevenir esses problemas.

16.7. Aplicações Práticas de Modelos Simples

Modelos simples de aprendizado de máquina são utilizados em diversas aplicações práticas:

- Reconhecimento de Dígitos Manuscritos: Um exemplo clássico de aplicação de ML na visão computacional é a classificação de dígitos manuscritos, como no conjunto de dados MNIST.

- Filtragem de E-mails de Spam: Utilizando modelos de classificação, é possível identificar e-mails de spam com base em características como o conteúdo e remetente.

- Análise de Sentimentos em Redes Sociais: Algoritmos simples de aprendizado de máquina podem classificar mensagens como positivas, negativas ou neutras com base em texto.

16.8. Considerações Finais

Este capítulo abordou os fundamentos do treinamento de modelos simples com aprendizado de máquina, desde a preparação dos dados até a implementação e avaliação de modelos. Embora os modelos simples, como K-NN ou regressão logística, sejam eficazes em muitos cenários, para problemas mais complexos, como reconhecimento de objetos em imagens, redes neurais profundas e técnicas mais avançadas de aprendizado podem ser necessárias. No entanto, entender os conceitos básicos de aprendizado supervisionado é crucial para construir uma base sólida em machine learning.

Aprofundar-se no treinamento de modelos e em seus desafios prepara o caminho para explorar métodos mais avançados, como redes neurais convolucionais (CNNs), e aplicar essas tecnologias em problemas reais de visão computacional.

Capítulo 17: Redes Neurais Convolucionais (CNNs) para Visão Computacional

As redes neurais convolucionais (CNNs, na sigla em inglês) têm sido um dos maiores avanços na área de visão computacional, transformando completamente a forma como as máquinas interpretam e processam imagens. Este capítulo oferece uma análise detalhada das CNNs, desde os conceitos básicos até sua aplicação em tarefas complexas de visão computacional, como reconhecimento de objetos, segmentação de imagens e reconhecimento facial.

17.1. Introdução às Redes Neurais Convolucionais

As redes neurais convolucionais são uma classe especial de redes neurais artificiais projetadas para processar dados com uma estrutura de grade, como imagens. Elas foram inspiradas pelo sistema visual humano, onde a percepção de uma imagem é composta por informações capturadas por receptores de luz (fotorreceptores) na retina e processadas em camadas no cérebro.

As CNNs se destacam por sua capacidade de aprender automaticamente representações hierárquicas de dados, onde camadas iniciais aprendem a detectar características simples, como bordas, e camadas mais profundas aprendem a combinar essas características em formas mais complexas, como objetos e cenas.

17.2. Estrutura de uma Rede Neural Convolucional

As CNNs são compostas por várias camadas, cada uma com uma função específica. As principais camadas de uma CNN são:

- Camada Convolucional (Convolutional Layer): A camada convolucional é a base de uma CNN. Ela aplica filtros (ou kernels) sobre a entrada da imagem, gerando mapas de ativação que destacam características importantes, como bordas, texturas e padrões. Cada filtro é responsável por detectar uma característica específica da imagem.

- Função de Ativação (Activation Function): Após a aplicação do filtro, a saída passa por uma função de ativação, como a função ReLU (Rectified Linear Unit). A ReLU é amplamente utilizada em redes neurais porque introduz não linearidade no modelo, permitindo que ele aprenda padrões mais complexos.

- Camada de Pooling (Pooling Layer): O pooling é uma técnica usada para reduzir a dimensionalidade dos mapas de ativação e tornar o modelo mais robusto à variação espacial das imagens. Existem diferentes tipos de pooling, sendo o max pooling o mais comum, que seleciona o valor máximo de uma região da imagem.

- Camada Totalmente Conectada (Fully Connected Layer): Após várias camadas convolucionais e de pooling, a rede neural geralmente termina com uma ou mais camadas totalmente conectadas. Essas camadas têm neurônios que estão totalmente conectados a todos os neurônios da camada anterior, permitindo a classificação final.

- Camada de Saída (Output Layer): A camada de saída produz a previsão final do modelo, como a classe de um objeto detectado em uma imagem.

17.3. Funcionamento das CNNs

O funcionamento de uma CNN pode ser descrito como um processo hierárquico de extração de características. A seguir, está uma explicação de como o modelo aprende a partir de imagens de entrada:

1. Aplicação de Filtros Convolucionais: A camada convolucional aplica filtros (também chamados de kernels) sobre a imagem de entrada. Cada filtro é projetado para detectar uma característica específica, como bordas horizontais, verticais ou diagonais. Quando o filtro é aplicado, ele gera um mapa de ativação que destaca a presença dessa característica na imagem.

2. Redução de Dimensionalidade com Pooling: Após a aplicação do filtro, o mapa de ativação é passado por uma camada de pooling. O objetivo do pooling é reduzir a quantidade de dados, mantendo as características mais importantes e tornando o modelo mais eficiente.

3. Processamento de Informações em Camadas Profundas: À medida que os dados passam por camadas mais profundas, as características detectadas pelas camadas anteriores são combinadas para formar

padrões mais complexos, como partes de objetos e objetos inteiros.

4. Classificação Final: Após a extração de todas as características importantes, a rede neural utiliza uma camada totalmente conectada para processar as informações e realizar a classificação final, atribuindo a imagem a uma das classes pré-definidas.

17.4. Aplicações das CNNs na Visão Computacional

As CNNs são aplicadas em uma vasta gama de tarefas de visão computacional, algumas das quais incluem:

- Classificação de Imagens: O uso mais básico de uma CNN é classificar imagens em categorias. Por exemplo, uma CNN pode ser treinada para distinguir entre imagens de cães e gatos. Esse tipo de tarefa é amplamente utilizado em sistemas de reconhecimento de imagem e em aplicativos de organização de fotos.

- Detecção de Objetos: Em vez de simplesmente classificar uma imagem, a detecção de objetos envolve identificar e localizar objetos em uma imagem. Redes como a YOLO (You Only Look Once) e o R-CNN (Region-based CNN) são usadas para detectar múltiplos objetos dentro de uma cena e suas respectivas localizações.

- Segmentação de Imagens: A segmentação envolve dividir uma imagem em regiões significativas para facilitar o processamento. A segmentação semântica atribui rótulos a todos os pixels de uma imagem com base em sua classe, enquanto a segmentação de instâncias identifica objetos individuais em uma imagem.

- Reconhecimento Facial: As CNNs são amplamente utilizadas para o reconhecimento facial. Redes como a FaceNet podem extrair características faciais de uma imagem e comparar com um banco de dados para identificar uma pessoa.

- Reconhecimento de Texto (OCR): As CNNs também são utilizadas em sistemas de reconhecimento de texto em imagens, conhecidos como OCR (Optical Character Recognition). Elas podem ser treinadas para identificar caracteres ou palavras em imagens de documentos ou placas.

- Reconhecimento de Ações em Vídeos: Com a adição de camadas temporais, as CNNs também podem ser usadas para reconhecer ações em vídeos. Elas são capazes de identificar movimentos e padrões temporais em sequências de imagens para classificar ações, como correr, saltar ou caminhar.

17.5. Treinamento de uma Rede Neural Convolucional

Treinar uma CNN envolve um processo de aprendizado supervisionado. O treinamento é realizado utilizando um grande conjunto de imagens rotuladas e o algoritmo de backpropagation. O backpropagation é usado para ajustar os pesos das conexões entre os neurônios da rede, minimizando a função de perda (loss function) ao longo de várias iterações (épocas).

- Função de Perda: A função de perda mede a diferença entre a previsão da rede e o valor real. Em tarefas de classificação, a função de perda mais comum é a entropia   cruzada.

- Otimização: A rede ajusta seus parâmetros (pesos) durante o treinamento utilizando algoritmos de otimização como o Gradiente Descendente. Técnicas como o Adam e o RMSprop são variações do gradiente descendente que ajudam a acelerar o treinamento e melhorar a performance do modelo.

- Regularização: Para evitar overfitting, técnicas como o dropout são aplicadas. O dropout desativa aleatoriamente alguns neurônios durante o treinamento para evitar que a rede se torne excessivamente dependente de certos neurônios.

17.6. Desafios e Limitações das CNNs

Embora as CNNs sejam extremamente poderosas, há vários desafios e limitações que devem ser considerados:

- Necessidade de Grandes Conjuntos de Dados: As CNNs exigem grandes quantidades de dados rotulados para treinar de forma eficaz. Isso pode ser um obstáculo em tarefas onde a coleta de dados é cara ou difícil.

- Custo Computacional: O treinamento de redes neurais convolucionais pode ser computacionalmente caro, especialmente quando se trabalha com grandes volumes de dados ou redes profundas. O uso de GPUs (unidades de processamento gráfico) é uma solução comum para acelerar esse processo.

- Overfitting: Quando um modelo é excessivamente complexo, ele pode se ajustar muito bem aos dados de treinamento, mas ter um desempenho ruim em dados não vistos. Estratégias como validação cruzada e regularização são essenciais para mitigar esse problema.

- Interpretação do Modelo: As CNNs são frequentemente vistas como "caixas pretas", ou seja, é difícil entender como elas tomam decisões. Isso pode ser um desafio em aplicações sensíveis, como diagnóstico médico, onde a explicação do raciocínio do modelo é crucial.

17.7. Ferramentas e Bibliotecas para Implementação de CNNs

Existem várias bibliotecas populares que facilitam a implementação e o treinamento de redes neurais convolucionais:

- TensorFlow: Uma das bibliotecas mais populares, desenvolvida pelo Google, que fornece uma interface flexível para construção, treinamento e implementação de redes neurais.

- Keras: Uma interface de alto nível para o TensorFlow, que permite a construção rápida de modelos de aprendizado profundo com uma API simples e intuitiva.

- PyTorch: Outra biblioteca amplamente utilizada para treinamento de redes neurais profundas, com uma abordagem dinâmica para o cálculo de gradientes e um excelente suporte para modelos de aprendizado profundo.

- Caffe: Uma biblioteca projetada para velocidade e eficiência no treinamento de redes neurais, muito utilizada em visão computacional.

17.8. Considerações Finais

As redes neurais convolucionais revolucionaram a visão computacional, permitindo que as máquinas realizem tarefas complexas, como reconhecimento de objetos e segmentação de imagens, com um desempenho semelhante ou superior ao

114

dos humanos. Embora o treinamento de uma CNN envolva desafios significativos, como a necessidade de grandes conjuntos de dados e recursos computacionais elevados, as suas aplicações em áreas como a medicina, a automação industrial, a segurança e o entretenimento são incontáveis.

Este capítulo cobriu os conceitos fundamentais das CNNs, desde sua estrutura e funcionamento até as aplicações práticas em visão computacional. Com o contínuo avanço na pesquisa e o aumento da capacidade computacional, as CNNs continuam

Capítulo 18: Introdução ao OpenCV com Deep Learning

O OpenCV (Open Source Computer Vision Library) é uma das bibliotecas mais amplamente utilizadas para tarefas de visão computacional. Originalmente, ela foi projetada para fornecer funções eficientes e fáceis de usar para manipulação de imagens e vídeos. No entanto, com o advento do aprendizado profundo (Deep Learning), o OpenCV evoluiu, incluindo suporte para redes neurais e integração com frameworks como TensorFlow e PyTorch. Este capítulo explora como o OpenCV pode ser utilizado junto com o Deep Learning para resolver tarefas avançadas de visão computacional, como reconhecimento de objetos, segmentação de imagens, rastreamento de múltiplos objetos, entre outros.

18.1. O OpenCV e o Aprendizado Profundo

O OpenCV é uma biblioteca poderosa que oferece uma gama extensa de ferramentas para processar e analisar imagens e vídeos. Embora tenha sido inicialmente mais associado a técnicas tradicionais de visão computacional (como detecção de bordas, segmentação e transformações geométricas), o OpenCV agora também suporta o uso de redes neurais profundas, permitindo a implementação de soluções baseadas em aprendizado profundo diretamente em seus pipelines de processamento de imagem.

Com a crescente popularidade das redes neurais convolucionais (CNNs) e outras arquiteturas de aprendizado profundo, o OpenCV se tornou uma ferramenta essencial para combinar as técnicas tradicionais de visão computacional com métodos modernos de aprendizado de máquina. Ele oferece interfaces para carregar modelos treinados de deep learning e realizar inferência em imagens em tempo real, além de integração com outras bibliotecas como TensorFlow, PyTorch e Caffe.

18.2. Configuração do OpenCV para Deep Learning

Antes de começar a utilizar o OpenCV com deep learning, é necessário configurar o ambiente de desenvolvimento adequadamente. Isso envolve a instalação do OpenCV e das bibliotecas de deep learning correspondentes. A seguir, estão os passos principais para configurar o ambiente:

18.2.1. Instalando o OpenCV com Suporte a Deep Learning

O OpenCV fornece uma versão com suporte a deep learning chamada opencv-contrib-python, que inclui o módulo dnn (Deep Neural Network). Este módulo permite carregar e executar redes neurais treinadas diretamente no OpenCV. A instalação pode ser feita através do pip:

```bash
CopyEdit
pip install opencv-contrib-python
```

Com isso, o OpenCV terá suporte para carregar e executar modelos de deep learning treinados em frameworks populares como TensorFlow, Caffe, PyTorch e ONNX (Open Neural Network Exchange).

18.2.2. Preparação do Modelo de Deep Learning

Antes de usar redes neurais com o OpenCV, é preciso ter um modelo treinado. Existem várias maneiras de treinar modelos, mas, para facilitar, muitos usuários preferem usar modelos

117

pré-treinados disponíveis em repositórios públicos, como o TensorFlow Hub, o PyTorch Hub, ou diretamente do Model Zoo do OpenCV.

Quando você tem um modelo treinado, pode exportá-lo para um formato que o OpenCV consiga ler. O OpenCV suporta os seguintes formatos de modelo:

- TensorFlow (.pb): Modelos treinados no TensorFlow podem ser exportados como arquivos .pb (Protobuf).

- Caffe (.prototxt e .caffemodel): Modelos treinados no Caffe podem ser exportados com um arquivo .prototxt (arquitetura) e um arquivo .caffemodel (pesos do modelo).

- ONNX (.onnx): O ONNX é um formato aberto de interoperabilidade entre frameworks, que permite treinar em um framework e executar em outro.

18.3. Trabalhando com Modelos de Deep Learning no OpenCV

Uma vez que o OpenCV esteja configurado corretamente e você tenha um modelo treinado, o próximo passo é aprender a carregar e executar esse modelo usando a biblioteca. Aqui, vamos demonstrar o processo básico de carregar e usar um modelo de deep learning no OpenCV para fazer previsões.

18.3.1. Carregando um Modelo no OpenCV

No OpenCV, o módulo cv2.dnn oferece funções para carregar redes neurais de deep learning. Vamos carregar um modelo pré-treinado de um arquivo Caffe ou TensorFlow e fazer previsões sobre uma imagem.

python
CopyEdit

```
import cv2

# Carregar o modelo pré-treinado e a configuração
model = cv2.dnn.readNetFromTensorflow('modelo.pb')   # Para TensorFlow
# ou
# model = cv2.dnn.readNetFromCaffe('modelo.prototxt', 'modelo.caffemodel') # Para Caffe

# Carregar a imagem
image = cv2.imread('imagem.jpg')
```

18.3.2. Pré-processamento da Imagem

Antes de passar a imagem pela rede neural, é necessário realizar alguns pré-processamentos, como redimensionar a imagem para o tamanho esperado pela rede, normalizar os valores dos pixels e, em alguns casos, converter a imagem para o formato de entrada esperado pela rede.

python
CopyEdit

```
# Redimensionar a imagem para o tamanho necessário pela rede
blob = cv2.dnn.blobFromImage(image, 1.0, (224, 224), (104, 117, 123), swapRB=True, crop=False)
```

```python
# Definir a entrada da rede
model.setInput(blob)

# Realizar a inferência
output = model.forward()
```

18.3.3. Interpretação do Resultado

Após executar a inferência, o modelo retorna uma saída, que pode ser um vetor de probabilidades (no caso de um modelo de classificação), uma caixa delimitadora (no caso de detecção de objetos), ou outros tipos de saídas dependendo da tarefa.

Para um modelo de classificação, por exemplo, podemos mapear os resultados da inferência para as classes possíveis:

```python
python
CopyEdit
# Supõe que a rede tenha 1000 classes de saída
class_id = np.argmax(output)
confidence = output[0][class_id]

print(f'Classe prevista: {class_id}, Confiança: {confidence}')
```

18.4. Aplicações Práticas do OpenCV com Deep Learning

O OpenCV integrado com deep learning pode ser utilizado em uma ampla gama de aplicações em visão computacional. Vamos explorar algumas das principais áreas onde essa combinação tem mostrado resultados impressionantes.

18.4.1. Detecção de Objetos

A detecção de objetos é uma das tarefas mais comuns em visão computacional. Usando modelos pré-treinados, como o YOLO (You Only Look Once), o OpenCV pode ser facilmente configurado para detectar objetos em tempo real.

python
CopyEdit
```python
# Carregar o modelo YOLO
model = cv2.dnn.readNetFromDarknet('yolov3.cfg', 'yolov3.weights')

# Detecção de objetos em uma imagem
output = model.forward()
```

O OpenCV facilita a execução de modelos de detecção como YOLO e Faster R-CNN em tempo real, o que permite criar aplicativos como sistemas de vigilância ou análise de vídeos.

18.4.2. Reconhecimento Facial

Com o OpenCV e deep learning, é possível realizar reconhecimento facial em tempo real, utilizando modelos como o FaceNet ou o Dlib para gerar embeddings faciais e identificar pessoas em uma cena.

python
CopyEdit
```python
# Carregar um modelo de reconhecimento facial
face_cascade = cv2.CascadeClassifier('haarcascade_frontalface_default.xml')

# Detectar rostos em uma imagem
faces = face_cascade.detectMultiScale(image)
```

18.4.3. Segmentação Semântica

A segmentação semântica é outra aplicação importante onde o OpenCV com deep learning pode ser utilizado. Modelos como o U-Net são frequentemente usados para segmentar imagens, atribuindo um rótulo semântico para cada pixel.

```python
CopyEdit
# Carregar modelo de segmentação
model = cv2.dnn.readNetFromTensorflow('unet_model.pb')

# Realizar segmentação
segmentation_output = model.forward()
```

18.4.4. Rastreamento de Objetos

O OpenCV oferece suporte para o rastreamento de objetos em vídeos, integrando técnicas tradicionais com aprendizado profundo. Algoritmos como DeepSORT e Siamese Networks podem ser utilizados para realizar rastreamento de múltiplos objetos.

18.5. Desafios e Considerações

Apesar das vantagens de integrar deep learning com o OpenCV, existem alguns desafios e considerações:

- Desempenho: Modelos de deep learning, especialmente os mais complexos, podem ser computacionalmente intensivos. Isso pode exigir o uso de GPUs para garantir o desempenho em tempo real.

- Pré-processamento: O OpenCV exige que os dados de entrada sejam formatados corretamente, o que pode exigir um pré-processamento cuidadoso das imagens antes da inferência.

- Armazenamento de Modelos: Modelos de deep learning são frequentemente grandes e podem ocupar muito espaço em disco. Além disso, ao usá-los em tempo real, é importante considerar a eficiência do carregamento do modelo e da inferência.

18.6. Considerações Finais

Este capítulo forneceu uma introdução ao uso do OpenCV com deep learning, abrangendo desde a instalação do OpenCV até a implementação de modelos pré-treinados para tarefas de visão computacional avançada. A capacidade do OpenCV de integrar com frameworks de deep learning como TensorFlow, Caffe e PyTorch, juntamente com suas funções de processamento de imagem eficientes, o torna uma ferramenta poderosa para o desenvolvimento de sistemas de visão computacional de ponta.

Com o crescimento contínuo do deep learning, espera-se que o OpenCV continue sendo uma plataforma essencial para desenvolvimento.

Capítulo 19: Projetos Práticos de Visão Computacional

A visão computacional é uma área ampla e fascinante da inteligência artificial que visa capacitar as máquinas a entenderem e interpretarem o mundo visual, seja por meio de imagens ou vídeos. Aplicações de visão computacional estão em toda parte, de sistemas de segurança a diagnósticos médicos, passando por automação industrial e carros autônomos. Este capítulo tem como objetivo apresentar uma série de projetos práticos de visão computacional, utilizando tecnologias como OpenCV, aprendizado de máquina e deep learning. Cada projeto será projetado para resolver um problema específico, e discutiremos como implementá-los, os desafios enfrentados e os resultados obtidos.

19.1. Introdução aos Projetos Práticos

Projetos práticos de visão computacional são fundamentais para colocar em prática o conhecimento adquirido sobre teoria e algoritmos. Através de projetos, é possível testar e aplicar diferentes técnicas e métodos, compreendendo melhor os desafios e limitações das abordagens utilizadas. Além disso, trabalhar em projetos práticos ajuda a desenvolver habilidades para solucionar problemas do mundo real.

Os projetos apresentados neste capítulo variam em complexidade, desde tarefas básicas de detecção de bordas e reconhecimento de objetos até aplicações avançadas de segmentação semântica e rastreamento de múltiplos objetos em tempo real. A implementação de cada projeto será feita com ferramentas modernas, como OpenCV, TensorFlow, PyTorch e outros frameworks de deep learning.

19.2. Projeto 1: Detecção de Objetos em Imagens

Objetivo: Desenvolver um sistema capaz de detectar e classificar objetos em uma imagem usando deep learning.

19.2.1. Descrição do Projeto

A detecção de objetos é uma das tarefas mais comuns em visão computacional. Ela envolve a identificação e localização de objetos em uma imagem ou vídeo. O projeto consistirá em utilizar um modelo pré-treinado de deep learning, como o YOLO (You Only Look Once), para detectar diferentes objetos em imagens de entrada.

19.2.2. Implementação

1. Pré-processamento de Imagem: O primeiro passo é carregar a imagem e prepará-la para ser processada pelo modelo. Isso envolve redimensionar a imagem e normalizá-la conforme as necessidades do modelo.

2. Carregamento do Modelo YOLO: O OpenCV oferece uma excelente integração com o modelo YOLO. Vamos carregar o modelo YOLO pré-treinado e usar o OpenCV para aplicar o modelo à imagem de entrada.

```python
CopyEdit
import cv2
import numpy as np

# Carregar a rede YOLO
```

125

```python
net = cv2.dnn.readNetFromDarknet('yolov3.cfg',
'yolov3.weights')

# Carregar a imagem
image = cv2.imread('image.jpg')

# Criar o blob e realizar a detecção
blob = cv2.dnn.blobFromImage(image, 0.00392, (416, 416),
(0, 0, 0), True, crop=False)
net.setInput(blob)
layer_names = net.getLayerNames()
output_layers = [layer_names[i - 1] for i in
net.getUnconnectedOutLayers()]
outs = net.forward(output_layers)

# Processar a saída para identificar objetos
for out in outs:
    for detection in out:
        scores = detection[5:]
        class_id = np.argmax(scores)
        confidence = scores[class_id]
        if confidence > 0.5:
            center_x = int(detection[0] * image.shape[1])
            center_y = int(detection[1] * image.shape[0])
            w = int(detection[2] * image.shape[1])
            h = int(detection[3] * image.shape[0])
            cv2.rectangle(image, (center_x - w // 2, center_y - h //
2), (center_x + w // 2, center_y + h // 2), (0, 255, 0), 2)

# Exibir a imagem com objetos detectados
cv2.imshow("Detected Objects", image)
cv2.waitKey(0)
cv2.destroyAllWindows()
```

19.2.3. Desafios e Considerações

- Precisão do Modelo: O modelo YOLO, por ser um modelo de detecção em tempo real, pode ter limitações em termos de precisão, especialmente em ambientes com muita variabilidade ou imagens de baixa qualidade.

- Configuração de Parâmetros: A escolha dos parâmetros, como o limiar de confiança para a detecção de objetos, é fundamental para o sucesso do projeto.

19.2.4. Resultados

Ao implementar esse projeto, será possível detectar vários objetos em uma imagem, como pessoas, carros, animais e outros, com precisão razoável, dependendo da qualidade do modelo e das imagens utilizadas.

19.3. Projeto 2: Reconhecimento Facial em Tempo Real

Objetivo: Criar um sistema capaz de reconhecer rostos em tempo real usando a câmera de um computador ou dispositivo móvel.

19.3.1. Descrição do Projeto

O reconhecimento facial é uma aplicação amplamente usada em sistemas de segurança, como câmeras de vigilância e autenticação biométrica. O objetivo deste projeto é usar uma rede neural ou um classificador como Haar Cascade Classifier do OpenCV para detectar e reconhecer rostos em tempo real.

19.3.2. Implementação

1. Configuração do Classificador Haar Cascade: O OpenCV oferece classificadores em cascata para detecção de rostos em tempo real. Vamos carregar um classificador pré-treinado e utilizá-lo para detectar rostos.

python
CopyEdit

```python
import cv2

# Carregar o classificador Haar Cascade
face_cascade = cv2.CascadeClassifier(cv2.data.haarcascades
+ 'haarcascade_frontalface_default.xml')

# Captura de vídeo em tempo real
cap = cv2.VideoCapture(0)

while True:
    # Captura quadro por quadro
    ret, frame = cap.read()

    # Conversão para escala de cinza
    gray = cv2.cvtColor(frame, cv2.COLOR_BGR2GRAY)

    # Detecção de rostos
    faces = face_cascade.detectMultiScale(gray, 1.3, 5)

    # Desenho de um retângulo ao redor de cada rosto
detectado
    for (x, y, w, h) in faces:
        cv2.rectangle(frame, (x, y), (x + w, y + h), (255, 0, 0), 2)
```

```
# Exibição da imagem
cv2.imshow('Face Detection', frame)

# Fechar a janela com a tecla 'q'
if cv2.waitKey(1) & 0xFF == ord('q'):
    break

cap.release()
cv2.destroyAllWindows()
```

19.3.3. Desafios e Considerações

- Desempenho em Tempo Real: Embora o classificador Haar seja eficiente, ele pode ter problemas de desempenho em ambientes com múltiplas faces ou em condições de baixa iluminação.

- Precisão: Melhorias no classificador, como o uso de deep learning (por exemplo, redes como FaceNet), podem ser necessárias para obter um reconhecimento facial mais preciso.

19.3.4. Resultados

O projeto será capaz de detectar rostos em tempo real, desenhando retângulos ao redor das faces detectadas. Embora a precisão possa ser limitada dependendo das condições de iluminação e da qualidade da câmera, o sistema pode ser facilmente integrado em soluções de segurança.

19.4. Projeto 3: Segmentação Semântica com Deep Learning

Objetivo: Implementar um sistema que seja capaz de segmentar objetos em uma imagem, atribuindo a cada pixel um rótulo específico (como carro, céu, estrada, etc.).

19.4.1. Descrição do Projeto

A segmentação semântica é uma tarefa avançada de visão computacional onde o objetivo é classificar cada pixel de uma imagem. Usando modelos como o U-Net ou DeepLabV3, é possível realizar segmentação precisa em imagens, como imagens de ruas para carros autônomos ou imagens médicas para detecção de tumores.

19.4.2. Implementação

1. Carregamento do Modelo U-Net: O U-Net é uma arquitetura eficiente para segmentação semântica. A implementação envolve carregar um modelo pré-treinado de segmentação e aplicá-lo a uma imagem.

```python
CopyEdit
import cv2
import numpy as np

# Carregar o modelo pré-treinado U-Net
model = cv2.dnn.readNetFromTensorflow('unet_model.pb')

# Carregar e pré-processar a imagem
image = cv2.imread('input_image.jpg')
```

130

```
blob = cv2.dnn.blobFromImage(image, 1.0, (224, 224), (104,
117, 123), swapRB=True)

# Realizar a segmentação
model.setInput(blob)
segmentation = model.forward()

# Exibir o resultado da segmentação
cv2.imshow('Segmented Image', segmentation)
cv2.waitKey(0)
cv2.destroyAllWindows()
```

19.4.3. Desafios e Considerações

- Desempenho Computacional: A segmentação semântica exige alto poder computacional, especialmente quando se utiliza redes profundas. O uso de GPUs é altamente recomendado.

- Precisão do Modelo: A qualidade da segmentação depende diretamente da qualidade do modelo e do treinamento. Modelos pré-treinados podem não ser ideais para todas as imagens e podem exigir ajustes finos.

19.4.4. Resultados

A segmentação semântica produzirá uma imagem onde cada pixel será classificado de acordo com a categoria a qual pertence (exemplo: carro, pedestre, céu). Isso pode ser útil em diversas aplicações, como mapeamento de ruas ou segmentação de imagens médicas.

19.5. Conclusão

Este capítulo apresentou três projetos práticos de visão computacional que são exemplos de como as técnicas modernas podem ser aplicadas em problemas do mundo real

Capítulo 20: Avançando no Estudo da Visão Computacional

A visão computacional é uma das áreas mais fascinantes e de rápido crescimento da inteligência artificial (IA), com aplicações que impactam praticamente todos os setores da sociedade, desde a medicina até a indústria automotiva. Após aprender os fundamentos de visão computacional e realizar alguns projetos práticos, o próximo passo natural é se aprofundar nas técnicas mais avançadas e nas novas fronteiras da pesquisa e da prática. Este capítulo tem como objetivo orientar o leitor sobre como avançar no estudo da visão computacional, explorar as áreas mais complexas e manter-se atualizado com as últimas inovações e tendências do campo.

20.1. Entendendo os Avanços Recentes em Visão Computacional

A área de visão computacional tem evoluído rapidamente, com inovações constantes em algoritmos, arquiteturas e aplicações. Para avançar no estudo dessa disciplina, é importante compreender as direções atuais da pesquisa e as principais tendências emergentes. Algumas dessas áreas incluem:

20.1.1. Redes Neurais Convolucionais (CNNs) Avançadas

As Redes Neurais Convolucionais (CNNs) continuam sendo a espinha dorsal de muitos sistemas modernos de visão computacional. No entanto, ao longo dos anos, surgiram várias variações e melhorias nas arquiteturas CNN, que estão ajudando a resolver problemas mais complexos e a melhorar a precisão e a eficiência. Alguns exemplos dessas CNNs avançadas incluem:

- ResNet (Residual Networks): As ResNets introduzem conexões de salto (skip connections), que ajudam a superar o problema do desaparecimento do gradiente em redes profundas, permitindo a construção de redes com centenas ou até milhares de camadas sem perda de desempenho.

- DenseNet: Similar às ResNets, mas com uma arquitetura mais conectada, onde cada camada recebe entrada de todas as camadas anteriores, o que melhora o fluxo de informações.

- EfficientNet: Uma arquitetura de rede que faz trade-offs entre profundidade, largura e resolução para alcançar um desempenho eficiente, maximizando a precisão com um número menor de parâmetros.

Além dessas, outras variantes como Inception e MobileNet também são relevantes, especialmente em dispositivos móveis e sistemas embarcados, onde o desempenho computacional é limitado.

20.1.2. Segmentação Semântica e Instância

A segmentação de imagens, que envolve a tarefa de classificar cada pixel de uma imagem, é um dos problemas mais desafiadores em visão computacional. Nos últimos anos, técnicas avançadas de segmentação semântica, como U-Net, DeepLab, e Mask R-CNN, têm sido desenvolvidas para fornecer segmentações precisas e detalhadas, mesmo em cenários complexos. As redes como Mask R-CNN são particularmente poderosas porque não apenas fazem segmentação semântica, mas também realizam a segmentação de instâncias, identificando objetos individuais dentro de uma classe.

A segmentação semântica e de instância tem aplicações importantes em áreas como a saúde (para segmentação de imagens médicas), automóveis autônomos (para entender o ambiente), e mapeamento urbano (para identificar e classificar objetos nas imagens aéreas).

20.1.3. Redes Neurais Generativas e Geração de Imagens

As redes neurais generativas, como as Redes Generativas Adversariais (GANs), têm ganho enorme popularidade, não apenas em imagens geradas artificialmente, mas também em visão computacional. As GANs consistem em duas redes neurais: o gerador e o discriminador. O gerador tenta criar dados realistas, enquanto o discriminador tenta distinguir entre dados reais e gerados, o que leva a uma melhoria constante nas imagens criadas.

No contexto de visão computacional, as GANs têm sido usadas para várias tarefas, como:

- Geração de imagens sintéticas: Criar imagens que imitam dados do mundo real, usadas em treinamento de modelos quando os dados reais são escassos.

- Aprimoramento de Imagens: Melhorar a resolução das imagens ou criar imagens realistas a partir de dados de baixa qualidade.

A aplicação das GANs vai além da geração de imagens e está se expandindo para áreas como o deepfake e a síntese de imagens.

20.2. Trabalhando com Grandes Conjuntos de Dados e Desafios Computacionais

À medida que você avança no estudo da visão computacional, você provavelmente se deparará com grandes conjuntos de dados e desafios computacionais que exigem abordagens avançadas para processamento e análise. Para lidar com essas situações, aqui estão algumas práticas recomendadas:

20.2.1. Aprendizado em Larga Escala com Big Data

Com o aumento da quantidade de dados disponíveis (como imagens e vídeos), a necessidade de trabalhar com big data em visão computacional se tornou crucial. Algumas estratégias incluem:

- Uso de GPUs e TPUs: A aceleração de hardware com unidades de processamento gráfico (GPUs) ou unidades de processamento tensorial (TPUs) é essencial para treinar modelos complexos em grandes volumes de dados de forma eficiente.

- Distribuição de Cálculos: Utilizar frameworks como Apache Spark e Dask para distribuir o treinamento de redes neurais em vários nós de processamento.

- Data Augmentation: Aumentar artificialmente o conjunto de dados ao aplicar transformações nas imagens de entrada (como rotações, escalonamentos e translações), o que melhora o desempenho do modelo sem a necessidade de coletar mais dados.

20.2.2. Desafios Computacionais e Eficiência

À medida que os modelos se tornam mais complexos, a eficiência computacional se torna uma preocupação crescente. O treinamento de redes profundas pode ser extremamente caro em termos de tempo e recursos. Algumas abordagens para lidar com isso incluem:

- Pruning: O processo de eliminar conexões e unidades da rede neural que têm impacto mínimo no desempenho, resultando em um modelo mais compacto e rápido.

- Quantização: Converter os parâmetros do modelo para uma representação de menor precisão (por exemplo, de 32 bits para 8 bits), o que pode reduzir a complexidade computacional sem perder muito desempenho.

- Distilação de Modelos: Um modelo grande e complexo é "ensinado" a uma versão mais simples e leve, preservando a maior parte do desempenho, mas com menor custo computacional.

20.3. Aplicações Avançadas em Visão Computacional

Com as técnicas de ponta de visão computacional, novas e excitantes aplicações estão sendo desenvolvidas constantemente. A seguir, vamos discutir algumas dessas aplicações avançadas que estão moldando o futuro da visão computacional.

20.3.1. Carros Autônomos

O campo de veículos autônomos é um dos mais promissores para as técnicas avançadas de visão computacional. Carros autônomos precisam entender o ambiente ao seu redor em tempo real, identificando objetos como pedestres, outros veículos, sinais de trânsito, e muito mais. Para isso, eles combinam múltiplas técnicas de visão computacional, como detecção de objetos, segmentação semântica, e rastreamento de múltiplos objetos.

Além disso, o uso de LiDAR (Light Detection and Ranging) e câmeras para fornecer dados complementares sobre o ambiente é uma das inovações que tem permitido avanços rápidos nesse campo.

20.3.2. Medicina e Diagnóstico por Imagem

A aplicação de visão computacional na medicina, especialmente em imagens médicas, tem avançado significativamente. O uso de modelos para detectar doenças como câncer, patologias cardíacas e doenças neurodegenerativas em imagens como radiografias, ressonâncias magnéticas e tomografias computadorizadas tem salvado vidas ao permitir diagnósticos rápidos e precisos.

Técnicas de segmentação e classificação de imagens médicas são fundamentais, e com o uso de deep learning, o desempenho dessas redes tem superado os métodos tradicionais, alcançando acurácia que rivaliza com a de médicos especialistas.

20.3.3. Realidade Aumentada e Virtual (AR/VR)

A realidade aumentada (AR) e a realidade virtual (VR) são áreas que dependem fortemente de visão computacional para criar experiências imersivas. As tecnologias de AR/VR utilizam câmeras e sensores para detectar o ambiente ao redor e superpor objetos virtuais de forma interativa. O tracking de mãos, a reconhecimento de objetos e a fusão de dados de múltiplos sensores são fundamentais nesse campo.

A visão computacional avançada em AR/VR também está sendo usada para criar ambientes mais interativos, como em jogos, design arquitetônico e simulações de treinamento.

20.3.4. Visão Computacional em Robótica

Os robôs modernos dependem fortemente da visão computacional para interagir com o mundo ao seu redor. Eles precisam identificar e manipular objetos, evitar obstáculos, e até mesmo navegar por ambientes complexos. Aplicações incluem robôs industriais para automação de fábricas, robôs de serviço para hospitais e casas, e robôs móveis autônomos.

Redes neurais convolucionais e outras técnicas de aprendizado profundo têm sido essenciais para dar aos robôs a capacidade de interpretar visualmente seu ambiente de maneira mais eficaz e autônoma.

20.4. Aprofundando os Conhecimentos e Mantendo-se Atualizado

Para realmente avançar no campo da visão computacional, é crucial continuar aprendendo e se atualizando sobre os últimos desenvolvimentos. Algumas abordagens para isso incluem:

- Participação em Conferências e Workshops: Eventos como CVPR (Conference on Computer Vision and Pattern Recognition), ICCV (International Conference on Computer Vision), e NeurIPS (Conference on Neural Information Processing Systems) são excelentes oportunidades para aprender sobre as últimas pesquisas.

- Cursos Avançados e Especializações: Aprofundar-se em cursos mais avançados em plataformas como Coursera, Udacity, ou edX, que oferecem programas especializados em deep learning e visão computacional.

- Publicações Científicas: Manter-se atualizado com as últimas publicações em periódicos e repositórios como arXiv e Google Scholar, onde os pesquisadores publicam seus novos resultados e inovações.

20.5. Conclusão

Avançar no estudo da visão computacional requer dedicação, prática contínua e a disposição de explorar novas fronteiras do conhecimento. Com os avanços rápidos em aprendizado profundo e redes neurais, o campo está em constante evolução, e as oportunidades de contribuição para essa área são imensas. Ao se aprofundar em áreas avançadas como redes neurais convolucionais, segmentação semântica, e aprendizado profundo, você poderá não apenas resolver problemas mais complexos, mas também estar na vanguarda

de uma das áreas mais excitantes e impactantes da inteligência
artificial.

Agradecimentos ao Leitor

Escrever este livro foi uma jornada de aprendizado e dedicação, e nada me deixa mais satisfeito do que saber que você, leitor, está aqui, embarcando nessa descoberta da visão computacional.

Quero agradecer a você por confiar neste material para dar seus primeiros passos nessa área fascinante. Sei que o início pode parecer desafiador, mas espero que cada página deste livro torne o caminho mais claro e acessível. A tecnologia avança graças à curiosidade e à determinação de pessoas como você, que buscam conhecimento e querem transformar ideias em realidade.

Se este livro contribuir de alguma forma para seu crescimento, seja profissional ou pessoal, terei alcançado meu maior objetivo. Que sua jornada na visão computacional seja repleta de descobertas e conquistas!

Muito obrigado e bons estudos!

Hugo Leonardo Barbosa

www.ingramcontent.com/pod-product-compliance
Lightning Source LLC
La Vergne TN
LVHW041213050326
832903LV00021B/605